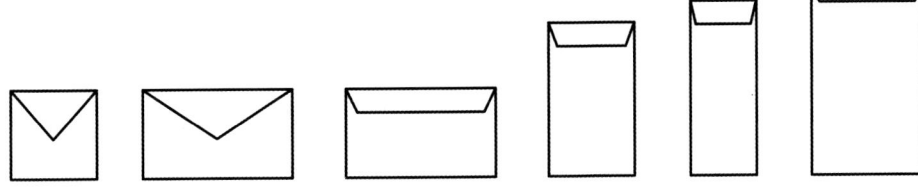

WE INVITE YOU
Copyright © 2012 Instituto Monsa de Ediciones

Editor
Josep Maria Minguet

Co-Author / Co-Autor
Miquel Abellán

Art director, design and layout
Miquel Abellán and Ana Jordà

Translation
Babyl Traducciones

2012 © Monsa Publications
Instituto Monsa de Ediciones
Gravina, 43 (08930)
Sant Adrià del Besòs
Barcelona
Tel. +34 93 381 00 50
Fax +34 93 381 00 93
monsa@monsa.com
www.monsa.com

Visit our official shop online!
www.monsashop.com

ISBN 978-84-15223-44-3

Printed in China

All rights reserved. No part of this book may be used or reproduced in any manner whatsoever without written permission except in the case of brief quotations embodied in critical articles and reviews. Whole or partial reproduction of this book without editors authorization infringes reserved rights; any utilization must be previously requested.

Queda prohibida, salvo excepción prevista en la ley, cualquier forma de reproducción, distribución, comunicación pública y transformación de esta obra sin contar con la autorización de los titulares de propiedad intelectual. La infracción de los derechos mencionados puede ser constituida de delito contra la propiedad intelectual (Art. 270 y siguientes del Código Penal). El Centro Español de Derechos Reprográficos (CEDRO) vela por el respeto de los citados derechos.

WE_INVITE_YOU

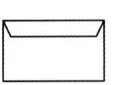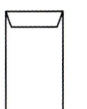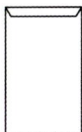

monsa

INDEX

AERAKI — 52, 63, 80, 92, 98

ALAMBRE ESTUDIO — 143

ALEXANDER BLÜCHER — 175, 188

ANA CLAPÉS ESTUDI DE DISSENY — 12, 13, 18, 34, 35, 38, 46

ANNA JORDÀ — 28, 68

ARTEMOV ARTEL GRAPHIC DESIGN BUREAU — 15

BRAVO COMPANY — 94

BRF DESIGN — 39

BUNCH — 131, 160

CHRIS TRIVIZAS — 10, 20

CLASE BCN — 40, 41, 56, 57

COMMUNE — 186

DANIEL CARLSTEN — 21

DT CREATIVOS — 32, 33, 36, 37, 42, 43

ESPLUGA+ASSOCIATES — 117, 133

FILTHYMEDIA — 78

FLOR TASSO — 79, 82

FRANCESCA PERANI ENTERPRISE — 149, 178

FTOFANI.COM — 96

GESTOCOMUNICACION — 113, 132, 152, 158

GLASFURD & WALKER — 14, 17

IDAFE HERNÁNDEZ PLATA — 102

IS CREATIVE STUDIO — 44, 48, 55

J FLETCHER DESIGN — 75

JOE STEPHENSON — 118, 126

JOHNDOE CREATIVE AGENCY — 180

KANELLA	74
KELLI ANDERSON	106, 122
LA CAJA DE TIPOS	51, 64, 65, 70, 72
LEIB UND SEELE GBR	144, 157, 172, 176, 182
LLUÍS SERRA PLA & MARC MENCIÓ	26
MIND DESIGN	185, 189, 190
MONIQUE KNEEPKENS	140, 170
MURMURE	76
MUSAWORKLAB	120, 130, 154, 162
NATOOF DESIGN	73, 90
NEIL CUTLER	104, 109, 112, 121
NEON NICHE	91, 97
NOSOLOTINTA	137, 148
NÚRIA VILA. ESPAI CREATIU	125
POPCORN DESIGN	146, 147, 151, 153, 169
RAQUEL QUEVEDO	134, 155
ROANDCO STUDIO	9, 49, 50, 53, 54, 58, 62, 66
SONSOLES LLORENS	105, 128, 129, 136
SOPHIA GEORGOPOULOU	23, 24, 30, 60, 84
STUDIO DORIAN	108
STUDIO GARY CHEW	174, 184
STUDIO NEWWORK	86, 87, 88, 89
SVIDESIGN	110, 111
THE CREATIVE METHOD	164
THISISLOVE STUDIO	114, 116, 124, 138, 142, 150, 156, 161, 165, 166, 168
UBER	16
USAGININGEN	100
YURKO GUTSULYAK	22, 25

Our first thoughts, as we set about making our selection of Invitations for the book was that this was an area of design with little relevance. Despite the fact that almost all designers create invitations of one kind or another, for clients, events, or for personal use…. finding specifically relevant examples within global projects, was easier said than done.
We sought therefore to make a collection of highly creative and communicative pieces, some for conceptual expression and others for simple or powerful graphics.

In short, Invitations represent the inauguration of an event or a celebration of one type or another. Invitations, between ourselves and others, to a social gathering, a premiere, an opening ceremony, the launch of a new fashion collection, wine-tasting, art exhibition or wedding…… always a surprise and pleasure to receive, whatever the occasion. Basically, designed to create an impact and inspire their recipients.
Invitations are the prelude to a forthcoming event and, above all, must generate anticipation for every type of event or occasion.
Immediately the invitation is received and the news begins to spread, the event is on the road to success! Not only does the Invitation announce an event but also reflects a passion. Aside from graphic communication we also find personal projects, professional promotions, all manner of launches and, above all, illusions in the form of a small correspondence. Not forgetting, those making and those receiving the Invitation also play a part in this illusion. Hence, Invitations are designed to be attractive and eye-catching, a reflection of the event itself, to make us contemplate and chuckle, in all, a source of inspiration.

Another relevant factor is the habitually small or relatively small size. As a result, the appearance is often one of almost traditional creations: not only by adapting, folding, using special tints and die-cutting techniques, but also using alternative materials or inserting corporate elements inside the invitations… all possible in just a small piece of mail, worthy of consideration when it comes to large numbers.
With this in mind, our collection of invitations includes exquisite concepts transformed into graphic realities. These small but stunning examples are both a source of inspiration and a magnet for any event.

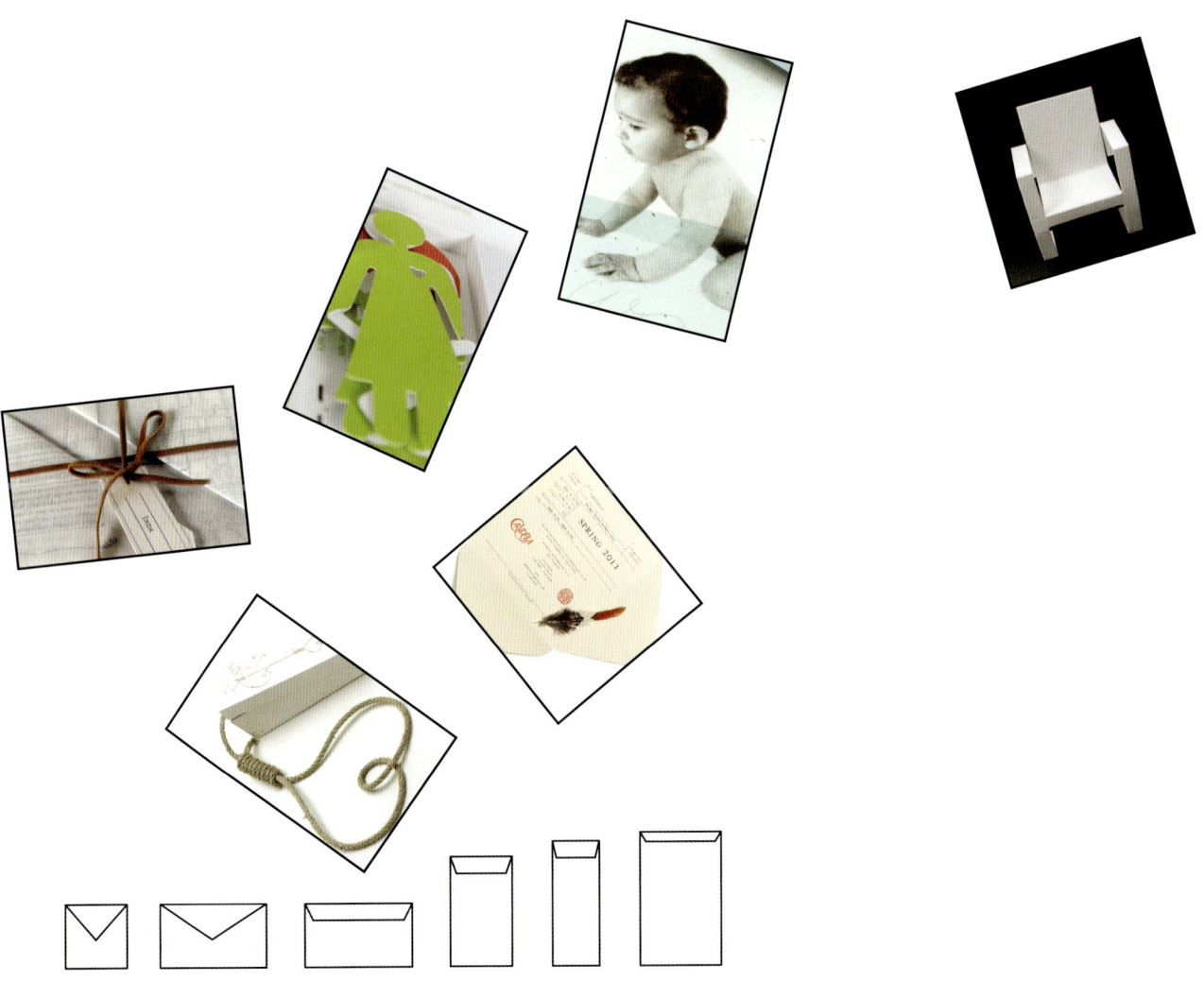

WE_INVITE_YOU

Al empezar a trabajar en la selección de INVITACIONES para este libro, pensamos que era un apartado del diseño al que no se le daba excesiva relevancia. Casi todos los diseñadores han hecho alguna INVITACIÓN a lo largo de su vida, ya sea para clientes, para eventos, o en el ámbito personal... sin embargo cuesta encontrar apartados específicamente dedicados a este tema. Acostumbran a formar parte de proyectos globales.
Por este motivo, quisimos recoger algunas piezas de alto contenido creativo y comunicativo, unas veces por su expresión conceptual y otras veces por su potencia o sencillez gráfica.
Las INVITACIONES, por lo general, son el primer *input* que alguien recibe acerca de un evento. La primera noticia sobre algún suceso novedoso. Invitamos y nos invitan a una fiesta, a un estreno, a una inauguración, a la presentación de una nueva colección de moda, a una cata de vinos, a una exposición de arte o a una boda... en cualquier caso, recibir una INVITACIÓN siempre es motivo de sorpresa y de alegría. Por eso acostumbran a ser piezas que pretenden impactar y motivar a quienes van dirigidas.
Son el preludio de algo que va a suceder y por lo tanto, deben crear una expectación acorde con cada evento. Si al recibirlas la gente habla de ellas, estamos en el buen camino y el evento se anuncia exitoso! La INVITACIÓN no sólo anuncia un evento, transmite también una emoción. En ella, además de comunicación gráfica, encontramos proyectos personales, proyecciones profesionales, novedades de cualquier ámbito, y muchas ilusiones en forma de pequeños envíos. No hay que olvidar que quien invita lo hace con ilusión y quien recibe debe ser partícipe de esa misma ilusión. Así pues, se diseñan piezas atractivas, que se hacen eco de cada evento, que llaman la atención, que nos hacen pensar, sonreir y que en definitiva, nos provocan reacciones positivas.

También es interesante tener en cuenta que acostumbran a ser tirajes pequeños o no muy masivos. Esto permite encontrar creaciones prácticamente artesanales: no sólo se usan manipulados, plegados, troquelados y tintas especiales de imprenta, también es frecuente encontrar el uso de materiales alternativos o la inserción de elementos corpóreos anexos en las INVITACIONES... casi cualquier idea puede funcionar en un tiraje pequeño, cosa que no sería razonable al hablar de grandes cantidades.

De ahí que entre las INVITACIONES que presentamos en este libro, se encuentran algunas exquisiteces conceptuales convertidas en realidades gráficas. Pequeños bombones que en algún momento nos han tentado lo suficiente como para acudir a una cita.

Anna Jordà & Miquel Abellán

BODKIN FW09 INVITATION
RoAndCo STUDIO, New York, USA DESIGN_Cynthia Ratsabouth _ www.roandcostudio.com

The Bodkin Autumn/Winter '09 invitation influences ranged from the designer's eco-conscious ideologies to the context of the presentation which took place at the Horticultural Society as well as architect, Buckminster Fuller. The invitation arrived in the form of a tetrahedron containing an airplant with care instructions.

Las influencias de la invitación otoño-invierno 2009 de Bodkin van desde las ideologías ecológicas de la diseñadora hasta el ambiente de la presentación que tuvo lugar en la Sociedad Hortícola, pasando por el arquitecto Buckminster Fuller. La invitación llegó en forma de un tetraedro que contenía un clavel del aire con indicaciones para su cuidado.

WE ARE GOING TO TIE THE KNOT

CHRIS TRIVIZAS, Athens, Greece DESIGN_Chris Trivizas ILLUSTRATOR_Nadia Louka EDITOR_Della Zagouroglou COPYWRITER_Sissy Caravia PHOTOGRAPHER_Michalis Gloutinas _ www.christrivizas.gr

In the Greek language, there is an expression that uses the word "hang" in order to say "marry". So, traditionally, when the father of the bride says "I will hang them", he means that he will tie the couple with the holly bond of marriage. This tradition inspired a humorous invitation that includes both a rope and instructions on how to make a slip knot.

En griego, existe una expresión que utiliza la palabra «colgar» para decir «casarse», por lo que, tradicionalmente, cuando el padre de la novia dice «los colgaré», quiere decir que atará a la pareja con el lazo sagrado del matrimonio. Esta tradición inspiró una graciosa invitación que incluye una cuerda e instrucciones sobre cómo hacer un nudo corredizo.

CIRCULO CUADRADO. CASA DECOR

ANA CLAPÉS ESTUDI DE DISSENY, Barcelona, Spain DESIGN_Ana Clapés, Maria Antònia Mora PHOTOGRAPHER_Daniela Visciglio _ www.anaclapes.com

Ten years. After ten years in the profession and five years serving clients in Casa Decor, Ismael Barajas and Maribel Caballero finally acquired their own studio in Casa Decor. Their choice was to create a fluent effect, unlike that of the press report. The day of the press release, reporters gathered, pencils in hand, downloading information on the studio itself. A small clipboard with paper and pen add a slightly industrial effect.

Son Diez. Tras diez años de profesión y cinco años en presencia en Casa Decor con espacio para sus clientes, Ismael Barajas y Maribel Caballero cogen su espacio propio en Casa Decor. Se apostó por una solución ágil y diferente al dossier de prensa. El día de la rueda de prensa se entregaba a los periodistas el lápiz de carpintero con la web donde podían descargar toda la información sobre el espacio. Una pequeña brida es la unión del lápiz y el soporte de papel dando un aire industrial a la pieza.

ALEX & BELEN WEDDING INVITATION
ANA CLAPÉS ESTUDI DE DISSENY, Barcelona, Spain PHOTOGRAPHER_Daniela Visciglio _ www.anaclapes.com

Two tone wedding invitations, one metallic, with lazer die-cutting on Freelife Vellum. 50's style etchings are used to represent features in different sizes, just a hint of difference between the stature of bride and groom portrayed by the two-dimensional objects emerging from the invitation: big clock, little clock, big spoon, little spoon, big ring, little ring...

Invitaciones de boda, trabajo a dos tintas, una de ellas metalizada, troquelado láser, papel Freelife Vellum. Se usaron grabados de mediados de siglo con el mismo objeto representado en diferentes tamaños, un guiño a la diferencia de estatura entre los novios que quedan representados en la doble dimensión de los objetos que salen en la invitación: reloj grande, reloj pequeño, cuchara grande, cuchara pequeña, anillo grande, anillo pequeño...

JESSICA AND PAUL WEDDING INVITATION
GLASFURD & WALKER, Vancouver, Canada DESIGN_Phoebe Glasfurd _ www.glasfurdandwalker.com

Wedding invitation set, including Invitation, Save the Date, Thank you cards and RSVP card.

Conjunto de invitaciones de boda que incluye las invitaciones, el recordatorio para reservar la fecha, tarjetas de agradecimiento y tarjetas de se ruega confirmación.

PINK GLASSES
ARTEMOV ARTEL GRAPHIC DESIGN BUREAU, Kiev, Ukraine ART DIRECTORS_Sergii Artemov, Gera Artemova _ www.designartel.com

Women day's greeting card and also invitation card to Women day party, is designed like "Pink glasses". It symbolizes happiness and optimistic point of view to life.

La tarjeta de felicitación para el Día de la Mujer y, también, la invitación para su respectiva fiesta se han diseñado mediante unas «gafas rosas» que simbolizan la felicidad y una manera optimista de ver la vida.

BAFTA AWARDS CEREMONY INVITATIONS AND TICKETS
UBER, Sheffield, England DESIGN_Ricky Hewitt _ www.uberagency.com

BAFTA 2009 ceremonies, Uber developed an innovative and striking invitation. Showcased down the red carpet for the Film awards, the sleek black and white designs blended in handsomely amidst the glamour of the star studded event. Working a patented "slider" mechanism into the design, providing a smart and distinctive package to accompany the guests, the simple sliding tray action reveals the invitation elegantly. In a classic and stylish approach, the design features the iconic BAFTA masks on both white and black packages. This approach was also built into the Craft and TV ceremonies.
BAFTA 2010 ceremonies. This time the format was a more traditional wallet form, howeveer, each ceremony utilised different print finishes using embossing, UV varnish, metal FX print and fluorescent inks to create another stylish range of invites.

Para las ceremonias de los BAFTA 2009, Uber desarrolló una invitación innovadora y sorprendente. Expuestos a lo largo de la alfombra roja de los premios del cine, los elegantes diseños en blanco y negro armonizaban magníficamente con el glamur del evento estelar. Se utilizó el mecanismo patentado slider (deslizante) en el diseño, creando una presentación elegante y peculiar para acompañar a los invitados. El sencillo movimiento de bandeja deslizante presenta la invitación con exquisitez. Con un enfoque clásico y elegante, el diseño muestra las icónicas máscaras de los BAFTA, tanto en el modelo blanco como en el negro. Esta propuesta también se utilizó en las ceremonias de los premios de rodaje y de televisión.
En las ceremonias BAFTA 2010, el formato tuvo un aspecto más clásico de cartera. Sin embargo, cada ceremonia utilizó diferentes acabados de impresión, como el estampado en relieve, el barniz ultravioleta, la impresión Metal FX y tintas fluorescentes para crear otra elegante variedad de invitaciones.

KATHERINE AND LACHLAN WEDDING INVITATION
GLASFURD & WALKER, Vancouver, Canada   DESIGN_Phoebe Glasfurd _ www.glasfurdandwalker.com

Letterpress Wedding invitation set - including Invitation, Save the Date, Thank you cards and RSVP card.

El conjunto de invitaciones de boda de impresión tipográfica incluye las invitaciones, el recordatorio para reservar la fecha, tarjetas de agradecimiento y tarjetas de se ruega confirmación.

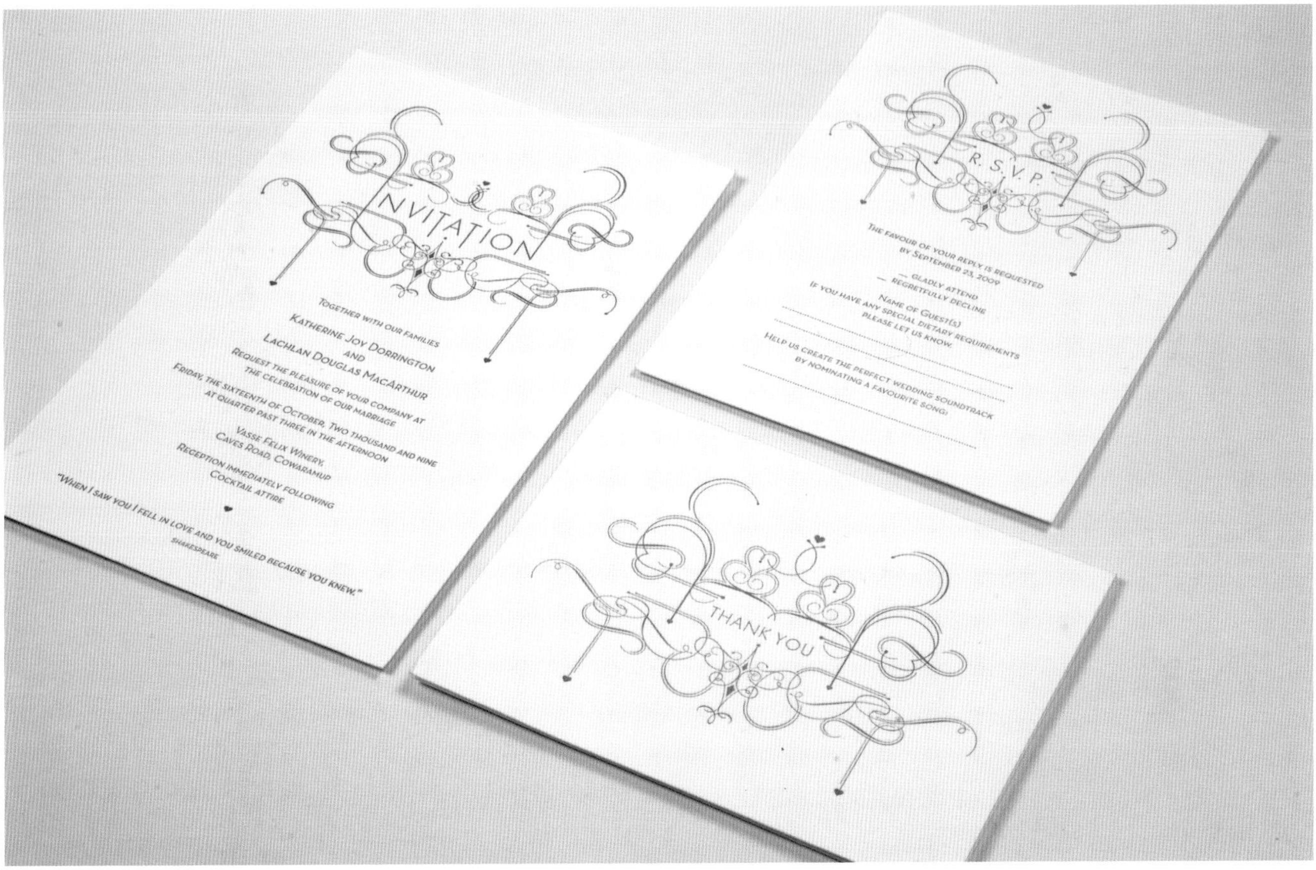

D CLUB

ANA CLAPÉS ESTUDI DE DISSENY, Barcelona, Spain DESIGN Ana Clapés, Maria Antònia Mora SPECIALIST ON 50 AND 60'S MAGAZINES Plácido Sierra PHOTOGRAPHER LOCAL Jöel Ventura PHOTOGRAPHER FLYER Daniela Visciglio _ www.anaclapes.com

D. Club Graphic Identity. Logos, promotion flyers, collage murals and tracks of flyers. Interior designer Emma wanted to create a fifties and sixties inspired graphic illustration of the local. With the assistance of Plácido Sierra, Emma Farràs selected a number of would-be international magazines from that time, the content used to create a 14 metre mural collage with the bar's logo plastered on top in the form of 170 light bulbs. Invitations to the launch came in the form of a mini triple fold poster with the list of cocktails illustrated on the back.

Identidad gráfica D. Club. Logotipo, flyer inauguración, collage-mural de pared y línea de flyers. La interiorista Emma Farràs, propuso crear toda la gráfica del local buscando la inspiración años 50/60. Junto con Plácido Sierra se hizo una selección de revistas de la época buscando presencia internacional. Con todo el material se creó un collage mural de 14 mts sobre el que se colocó el logotipo del bar fabricado con 170 bombillas.
Invitación a la inauguración en forma de mini poster doblado en tríptico acordeón, con una selección de la carta de cocteles en la trasera.

DID SHE SAYS YES?

CHRIS TRIVIZAS, Athens, Greece DESIGN_Chris Trivizas ILLUSTRATOR_Antonis Theodorakis COPYWRITER_Elina Yiannoulopoulou PHOTOGRAPHER_Michalis Gloutinas _ www.christrivizas.gr

Wedding invitation in a tin can which after the ceremony is attached at the back of the newly married couple's car. It is accustomed, after the wedding ceremony, for friends and relatives of the couple to bang saucepans and bells in order to make noise and send away the jealous spirits. The wedding invitation is packaged inside a tin can with a string. While reading the text (date, place etc), there's an illustration which explains how to tie the string at the back of the can and the whole making at the back of the car.

Invitación de boda que va dentro de una lata y que, tras la ceremonia, se ata a la parte trasera del coche de la nueva pareja de recién casados. Tras la boda, es costumbre que los amigos y familiares de la pareja golpeen sartenes y campanas para hacer ruido y alejar, así, los espíritus envidiosos. La invitación de boda viene en una lata con una cuerda. Mientras se lee el texto (fecha, lugar, etc.), puede observarse el dibujo que explica cómo atar la cuerda en la lata y, posteriormente, cómo atarlo todo en la parte trasera del coche.

ACNE PAPER INVITE

DANIEL CARLSTEN for ACNE, Stockholm, Sweden DESIGN_Daniel Carlsten _ www.danielcarlsten.com, www.acneartdepartment.se, www.acnepaper.com

For the celebration of Acne Paper's 5th issue – the elegant issue – he constructed an invite reflecting the dress code of the event.
Die-cut by machine and folded by hand. Dots appearing as buttons are printed with a UV-varnish dyed in grey. Typography printed in copper coloured ink.

*Para la celebración del quinto número de la revista Acne Paper, el ejemplar elegante, se ideó una invitación que reflejaba el código de vestimenta del evento.
La tarjeta se troqueló con una máquina y se dobló a mano. Los puntos que representan botones se imprimieron con barniz ultravioleta en color gris y la tipografía se imprimió en tinta de color cobre.*

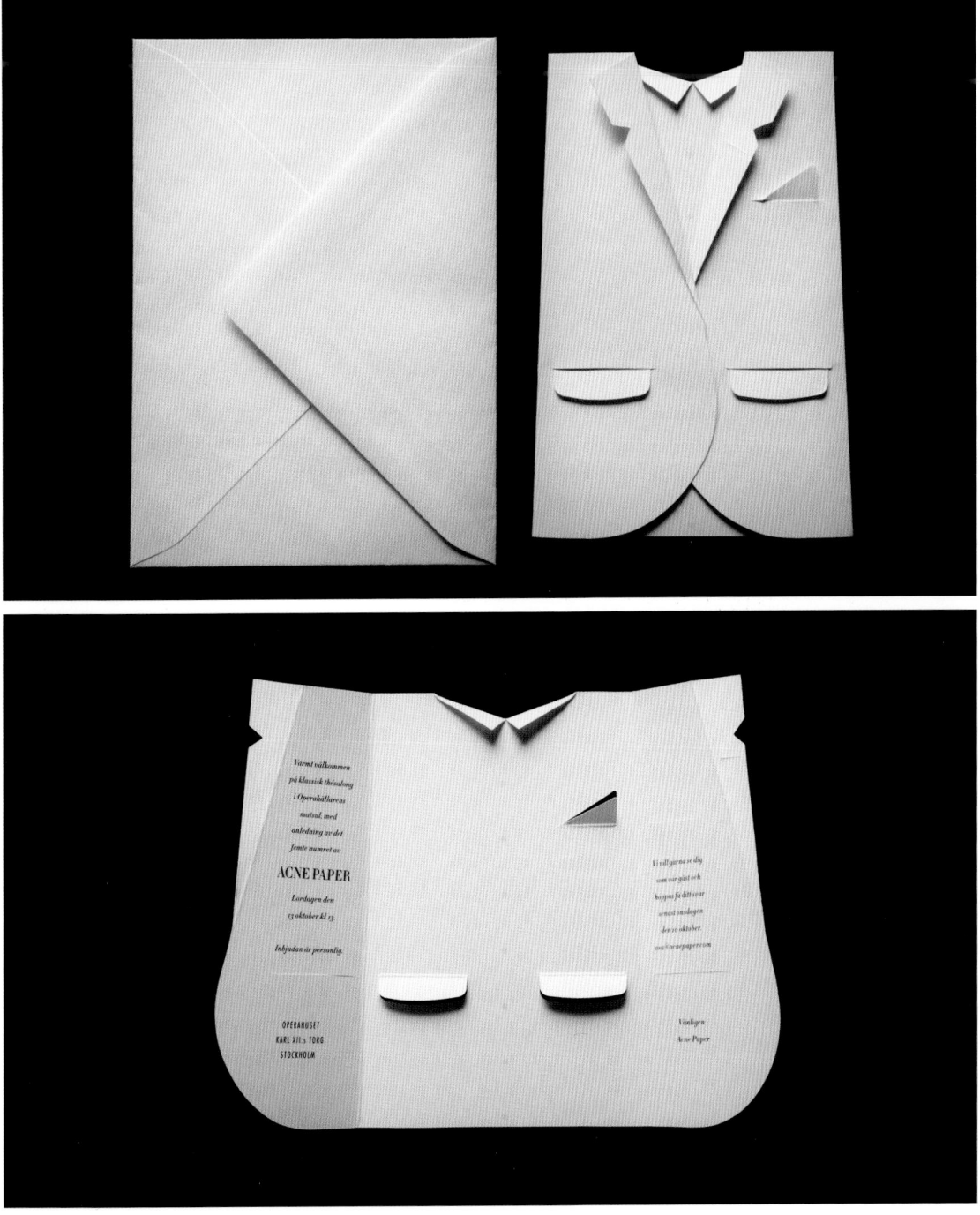

WINE CARD

GRAPHIC DESIGN STUDIO BY YURKO GUTSULYAK, Ukraine DESIGN & CREATIVE DIRECTOR_Yurko Gutsulyak   _ www.gstudio.com.ua

There is only one way to open this postcard. And when you open it, it seems as if you are filling a celebratory glass of exquisite wine. Subtle patterns of vines, leaves and grape bunches, natural tone and texture of paper create an atmosphere of naturalness and exceptional value of the product.

Sólo hay una manera de abrir esta tarjeta y, al hacerlo, parece que estás llenando una copa con un vino exquisito. Los sutiles dibujos de las vides, las hojas y los racimos de uva y el tono y la textura natural del papel crean un ambiente de naturalidad y hacen que el valor del producto sea excepcional.

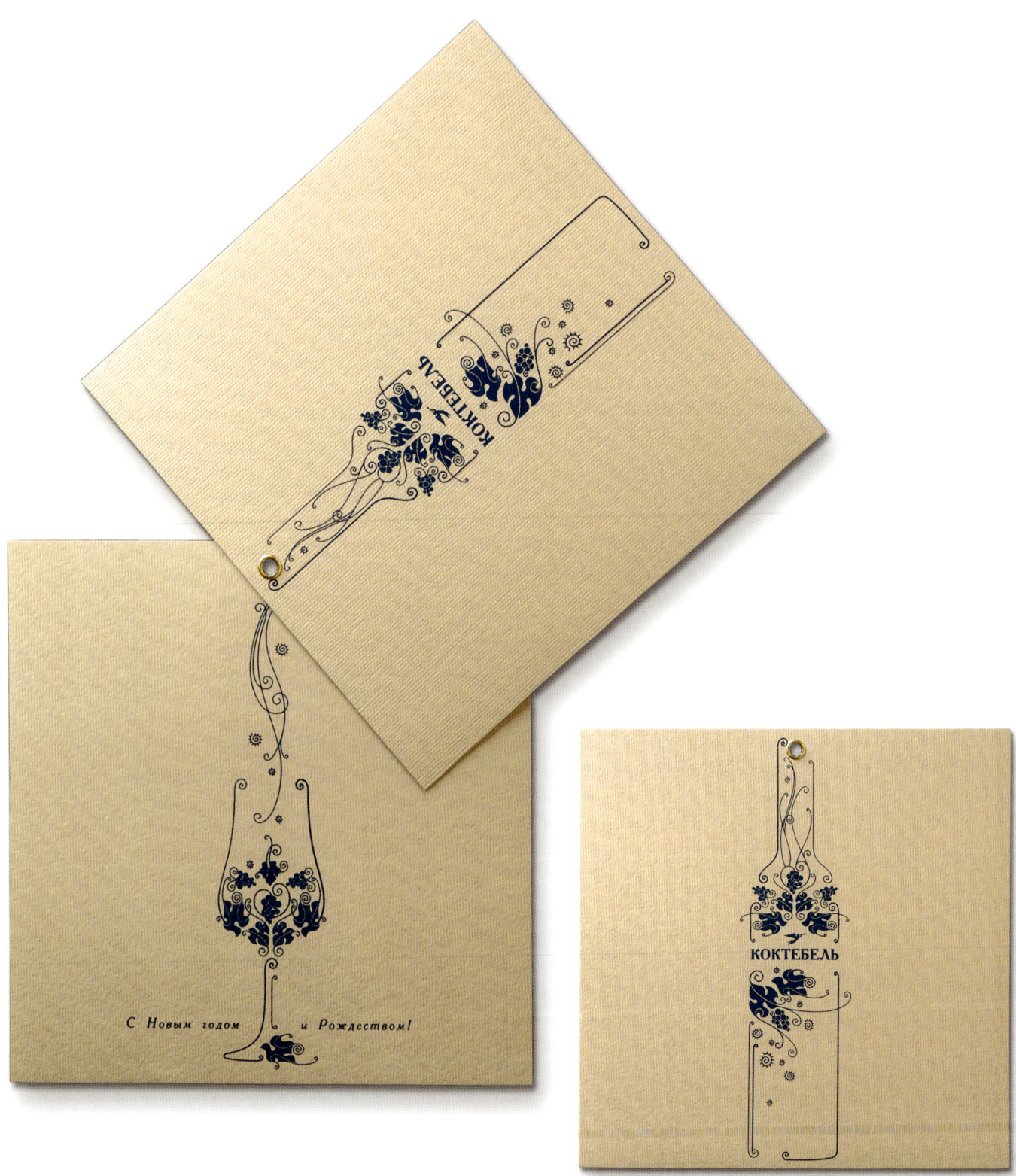

WITH THE EYES TURNED ONTO CREATION

SOPHIA GEORGOPOULOU, Athens, Greece CREATIVE DIRECTORS_Mary Botros, Sophia Georgopoulou DESIGNER_Sophia Georgopoulou PRODUCTION MANAGER_Olga Rikkou JEWLERY DESIGN_Margarita Meitani _ www.sophiag.com

A VIP invitation was created for the grand opening of "The Last Grand Tour" Exhibition, in the Museum of Cycladic Art, in Athens. Eurolife Insurance was the major sponsor of the exhibition and wanted to create a premium and unique invitation.

Se creó una invitación VIP para la gran inauguración de la exposición «The Last Grand Tour» (El último gran tour), en el Museo de Arte Cicládico de Atenas. El principal patrocinador de la exposición fue Eurolife Insurance, que quería crear una invitación única y de primera calidad.

I LOVE ELASSONA / BABY CHRISTENING INVITATION

SOPHIA GEORGOPOULOU, Athens, Greece DESIGNER_Sophia Georgopoulou _ www.sophiag.com

The inspiration of this baby christening invitation was the city of Elassona itself, a city in Central Greece that was the actual venue of the christening and the baby's place of origin. The materials that have been used in the invitation are craft paper and a big cockade pin, containing important information on the details of the baptism. All the intensity of the invitation derives from original imagery applied, the colours and the slogans used. Themes from the key cockade of the invitation were used in smaller cockades that decorated small linen pouches that were used as baptism giveaway gifts.

La inspiración de esta invitación de bautizo fue la misma Elassona, una ciudad de la región de Grecia Central, lugar donde se celebraba el bautismo y donde nació el bebé. Los materiales utilizados para la invitación son cartulina y una gran escarapela de pins que contienen información importante sobre los detalles del bautizo. Toda la intensidad de la invitación viene de los originales dibujos, los colores y las frases utilizados. Los temas de la escarapela principal de la invitación se usaron en los adornos más pequeños que decoraban las bolsitas de lino que fueron el regalo del bautizo.

SYMBOL CARD

GRAPHIC DESIGN STUDIO BY YURKO GUTSULYAK, Ukraine DESIGN & CREATIVE DIRECTOR_Yurko Gutsulyak _ www.gstudio.com.ua

Each page is a symbol-wish. Being folded, all the symbols create an intuitive winter landscape. FIR-TREE: A traditional attribute of the New Year and Christmas celebrations. A symbol of eternal life and immortality. A blessed tree. Wishing of vital force, creative success and good luck. GROWTH: Movement upwards, financial and spiritual advancement. The desire to succeed in one's objectives. SNOW STORM: A living energy and sustained development, a movement forward, the desire for alteration and search for something new. SNOW: A symbol of prosperity and wealth. Jordanian snow is a symbol of health.

Cada página es un deseo simbólico. Al estar dobladas, todos los símbolos crean un intuitivo paisaje de invierno. ABETO: icono tradicional de las celebraciones de Navidad y Año Nuevo. Símbolo de la vida eterna y la inmortalidad. Un árbol bendito que desea fuerza vital, éxito creativo y buena suerte. CRECIMIENTO: idea de mejora y progreso económico y espiritual. El deseo de conseguir los objetivos propuestos. TORMENTA DE NIEVE: energía viva y desarrollo continuo, idea de seguir adelante, deseo de cambiar y buscar algo nuevo. NIEVE: símbolo de la prosperidad y la salud. En Jordania, la nieve es símbolo de salud.

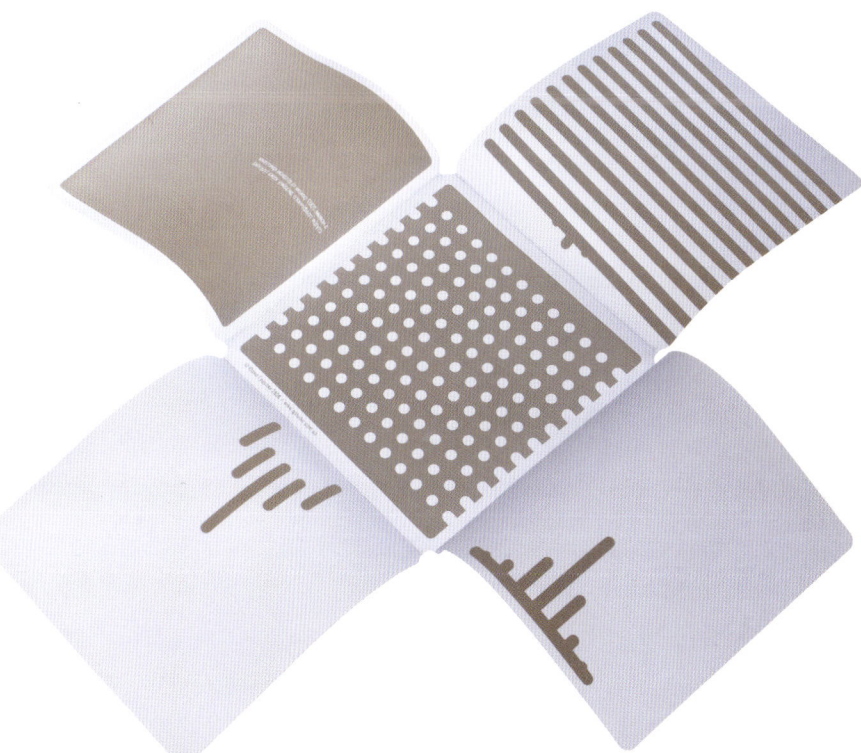
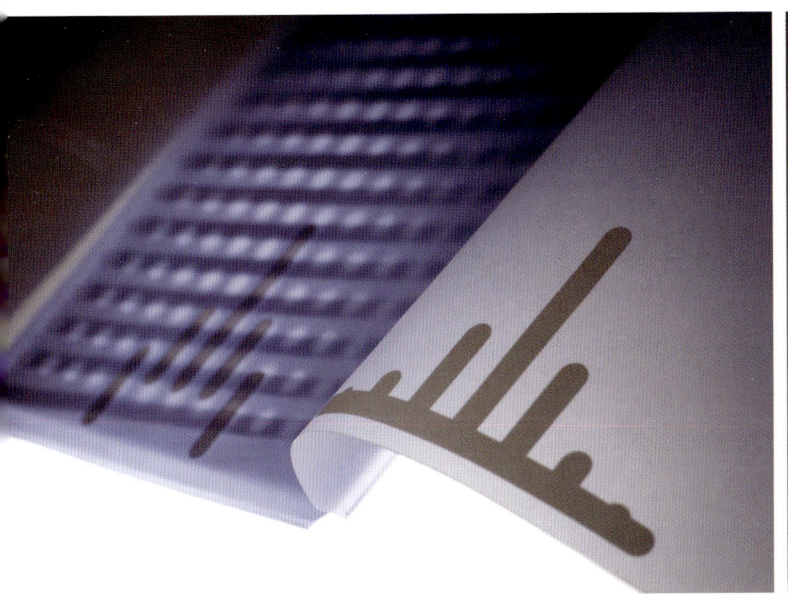
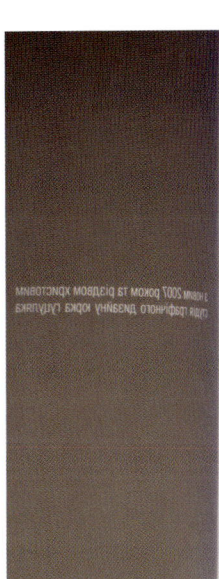

ES CAU

MARC MENCIÓ & LLUÍS SERRA PLA, Girona, Spain www.marcmencio.com, www.elhombredelalata.com

This plate/postcard is part of a "tapa tasting" promotion whereby tapas were offered to passers-by in the street to promote Es Cau, a small restaurant in Cadaqués. Specialising in natural, home grown products, the restaurant offers a wide choice of natural dishes, suitable for both vegetarians and vegans. Once the tapa has been eaten, the passer-by is left with a postcard announcing the opening of the restaurant.

Este plato/postal forma parte de una acción promocional en la que se repartían tapas de degustación entre la gente de la calle para promocionar un pequeño local en Cadaqués, llamado Es Cau. Especializado en productos naturales y de la tierra, cuenta con una carta llena de productos ecológicos, para vegetarianos e incluso para veganos. Una vez la gente se comía la tapa, se quedaba con una postal en las manos anunciando la inauguración del establecimiento.

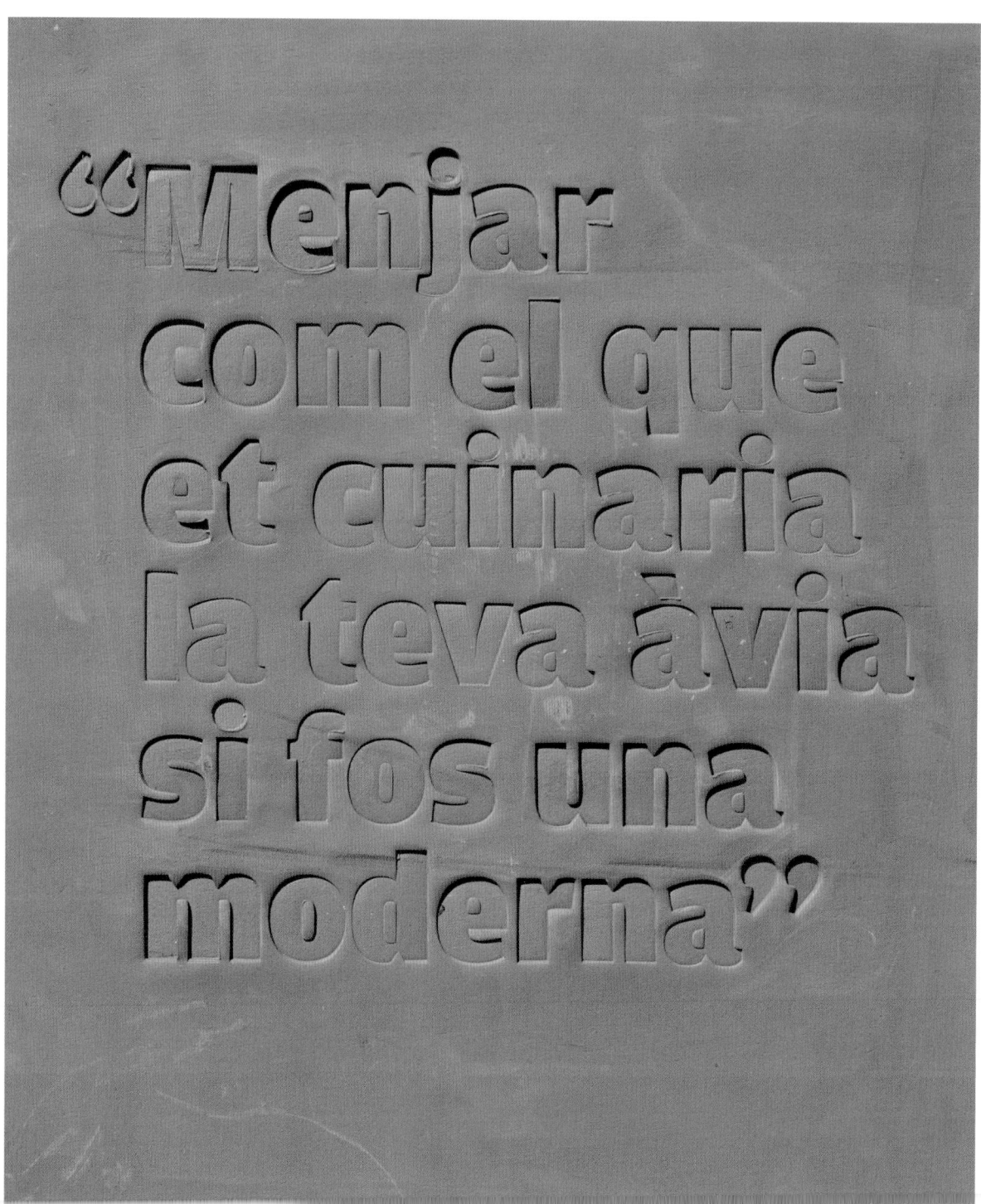

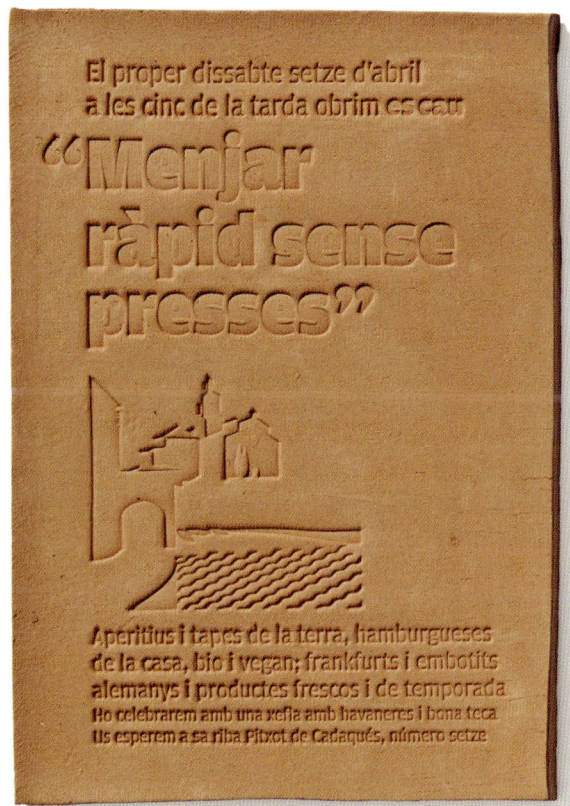
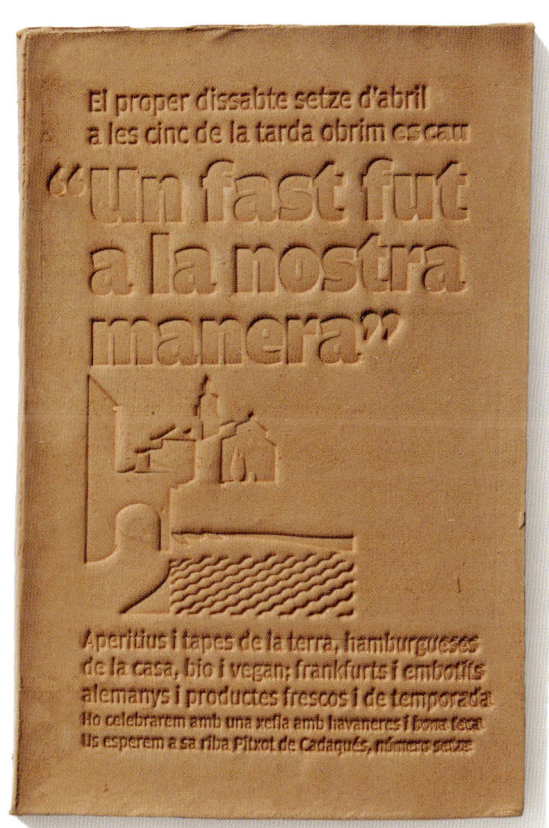

BCN-PEK. WEDDING AIRLINE INVITATION
ANNA JORDÀ, Barcelona, Spain DESIGN_Anna Jordà   _ www.annajorda.cat

For professional motives, the start married life for Laia and Carles meant living in different cities. Laia in Barcelona and Carles in Peking. Their future immediately revolved around trips to and fro between the two cities, initiated by Carles' trip to Barcelona to celebrate the wedding. Prospects for the forthcoming months relied on flights as their umbilical cord. The couple wished to reflect this somewhat curious start to married life with a wedding invitation inspired by an air ticket and associated travel items and procedures: boarding cards for the guests, suitcase labels, airport transfers for the two day celebration, suitcase labels in table settings bearing names of the guests....

Por motivos profesionales, Laia y Carles empezaban la vida de casados viviendo en ciudades diferentes. Ella en Barcelona y él en Pekin. Su futuro inmediato se dibujaba lleno de idas y venidas entre ambas ciudades, empezando por el primer viaje que tenía que traer a Carles hasta Barcelona para celebrar la boda. En los próximos meses los aviones serían su cordón umbilical. Se quiso reflejar este insólito comienzo con una invitación de boda inspirada en un billete de avión y piezas adjuntas de viaje: tarjeta de embarque para los invitados, transfers para las celebraciones de los dos días, etiquetas de maleta para las mesas con el nombre de los invitados....

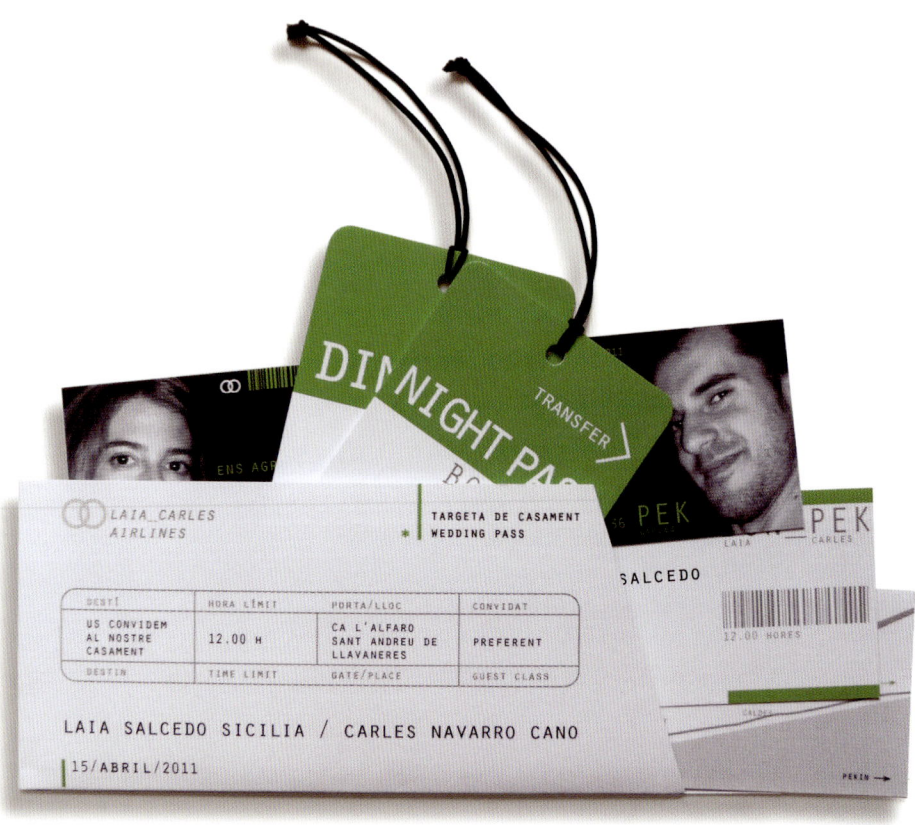

MY WAY / BABY CHRISTENING INVITATION
SOPHIA GEORGOPOULOU, Athens, Greece DESIGNER Sophia Georgopoulou _ www.sophiag.com

The concept behind this Baby-boy Christening invitation is the marking of a new beginning with the baby's new name, in his own way.. A piece of real diaper was used to make the invitation unique and more three-dimentional. All the information necessary is typed on an extra piece of craft paper, and is attached with paperclips to the diaper. The paperclip pin is a reference to the the pins once used on actual cloth baby diapers.

El concepto que hay detrás de esta invitación de bautizo es celebrar un nuevo comienzo con el nuevo nombre del bebé, a su manera... Se utilizó un trozo real de pañal para que la invitación fuera única y más tridimensional. Toda la información necesaria está escrita en una cartulina aparte que está unida al pañal con un clip. Éste hace referencia a los imperdibles que se solían utilizar para los pañales de tela.

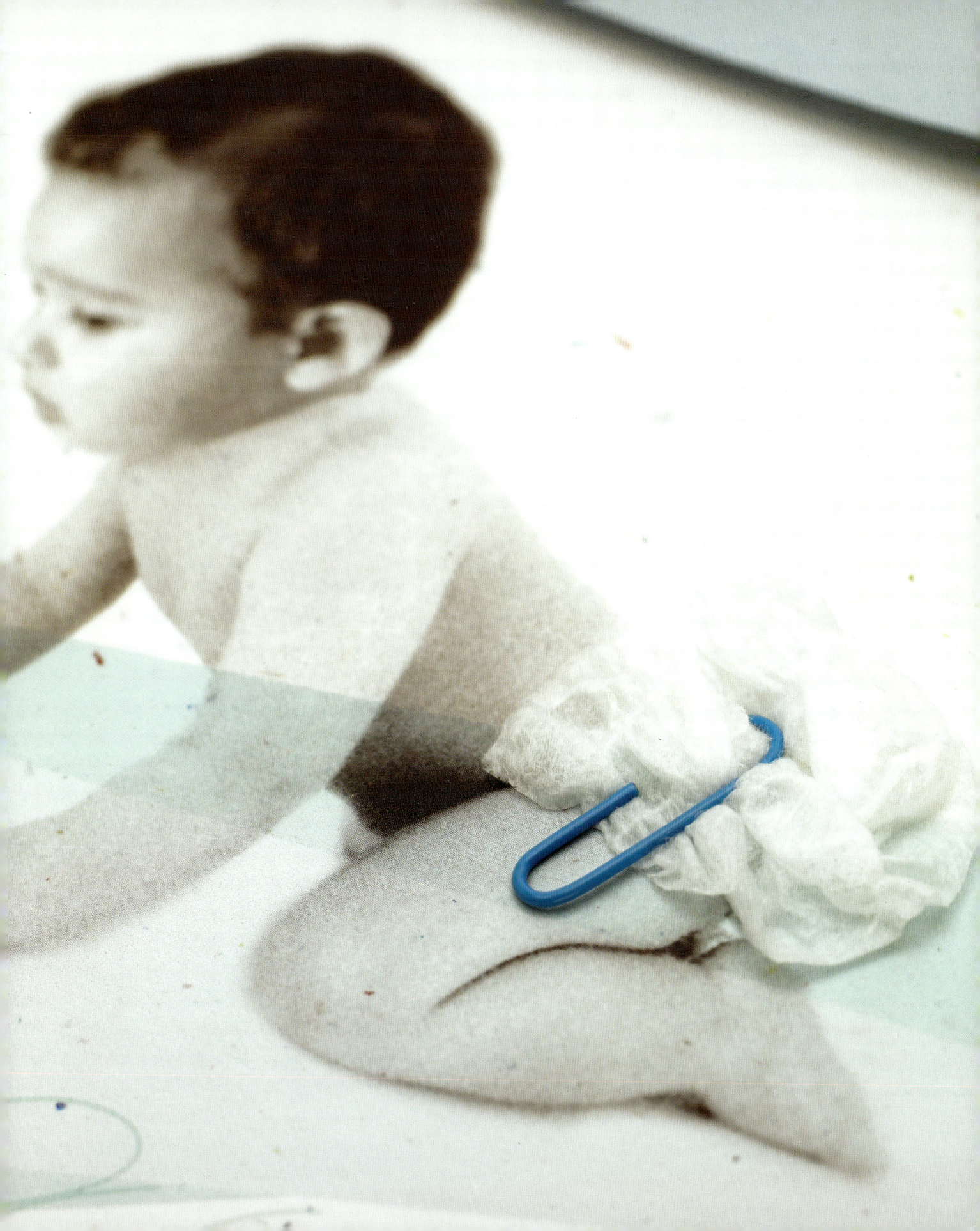

EUSKADI AWARDS - FINGERPRINT
DT CREATIVOS, Bilbao, Spain _ www.dtcreativos.com

Invitation for the Euskadi Investigation Awards. In this edition the winner is a criminologist and the invitation is designed in a transparent plastic card as if it were a fingerprint sample plate. A small piece of it similar to a microscope plate is used as access card.

Invitación para los Premios Euskadi de Investigación. En esta edición, el ganador fue un criminólogo y la invitación se diseñó en una tarjeta de plástico transparente, como si fuese una placa de muestra de huellas dactilares. Una pequeña parte de esta, parecida a una placa de microscopio, servía de tarjeta de acceso.

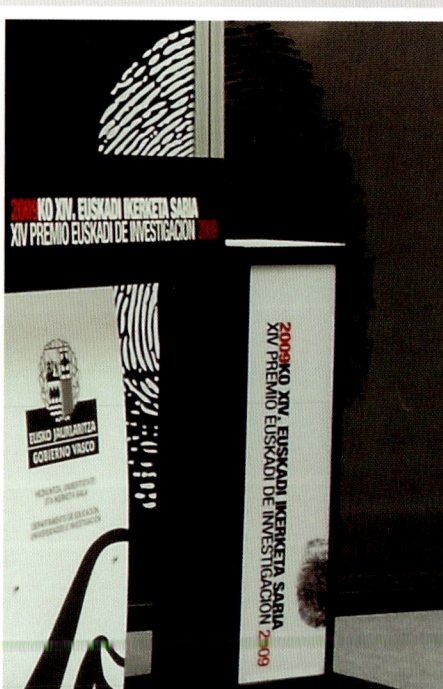

IKERBASQUE SNOW
DT CREATIVOS, Bilbao, Spain _ www.dtcreativos.com

Every year this science foundation sends a Christmas Card with some relation to science. For this one they send a Petri dish and a test tube with a special polymer inside. This dust when mixed with water expands forming a substance similar to snow. The card included the instructions to produce the reaction and the chemical explanation for the process.

Cada año, esta fundación científica envía una tarjeta navideña que guarda relación con la ciencia. Para este año, enviaron una placa de Petri y un tubo de ensayo con un polímero especial dentro. Esta partícula de polvo, al mezclarla con agua, se expande, formando una sustancia parecida a la nieve. La tarjeta incluía las instrucciones para producir la reacción y una explicación química del proceso.

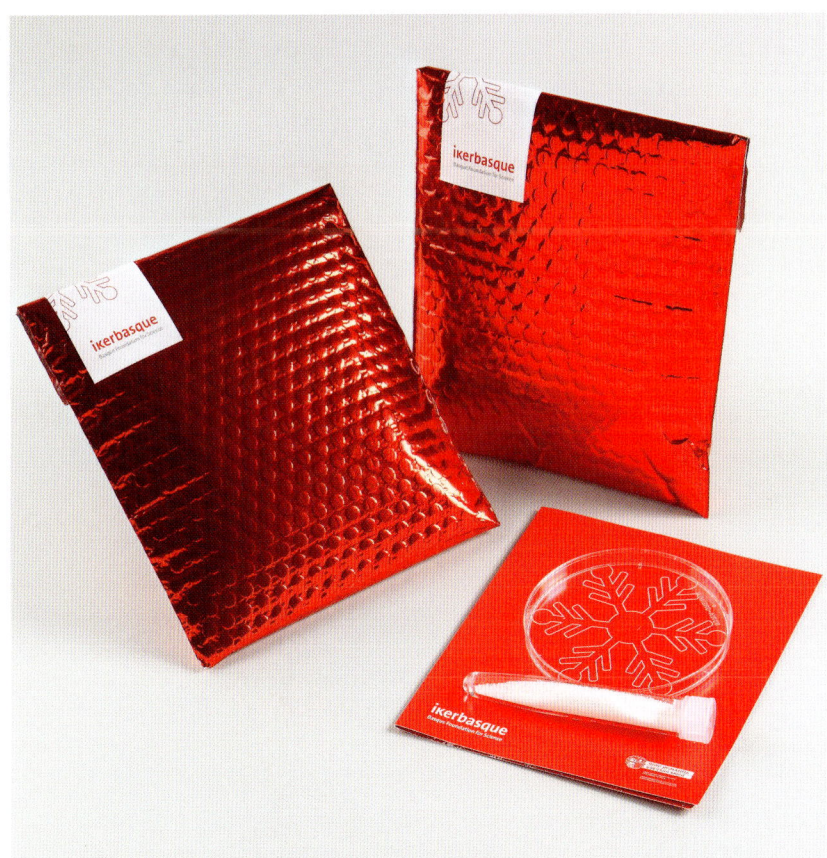

MEINE KÜCHEN

ANA CLAPÉS ESTUDI DE DISSENY, Barcelona, Spain DESIGN_Ana Clapés   PHOTOGRAPHER_Ana Clapés   _   www.anaclapes.com

An invitation for a fully fitted kitchen design studio. The objective was to come up with a totally unique idea, to catch the eye instantly, stand out from the rest of the mail and ultimately draw attention to the event. The elements had to be neutral and not appear restricted to any one kitchen design at the same time making it clear they are far from mass produced products.

Invitación para una tienda de diseño integral de cocinas. El objetivo ha sido generar una pieza especial que despierte interés al recibirla, que sea diferente al resto de correo y que motive la asistencia al evento. Los elementos debían ser neutros para no ceñirse sólo a un estilo de cocina, pero sin perder el hilo comunicador con lo que son las cocinas no industriales.

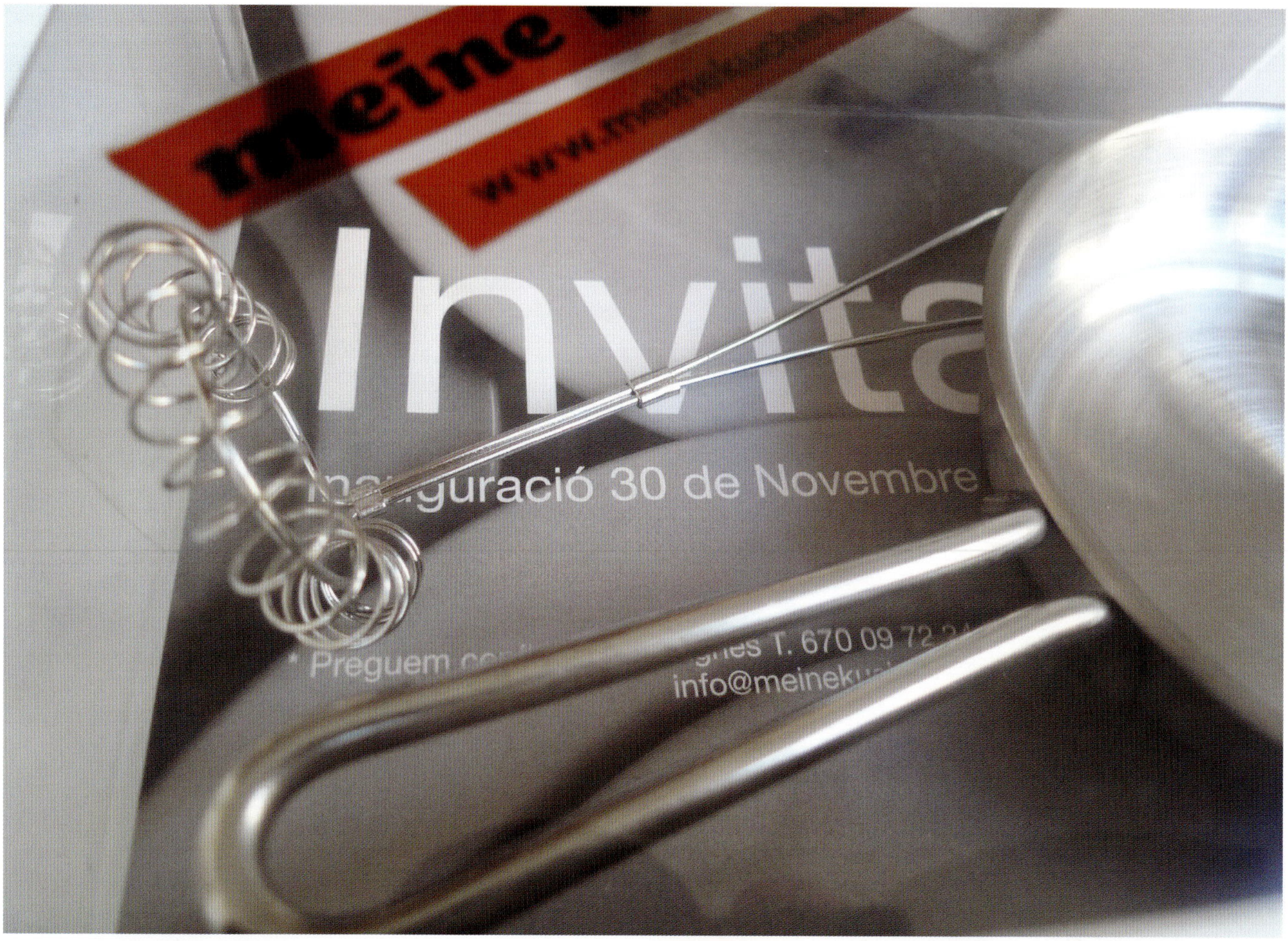

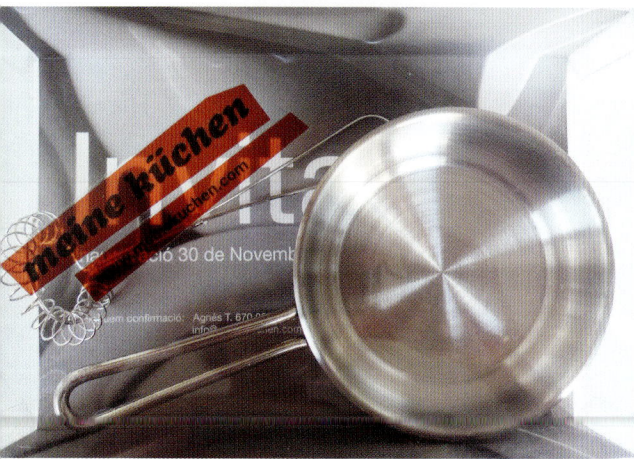

TOFFEES

ANA CLAPÉS ESTUDI DE DISSENY, Barcelona, Spain DESIGN_Ana Clapés, Maria Antònia Mora, Daniela Visciglio PHOTOGRAPHERS_Ana Clapés, Daniela Visciglio _ www.anaclapes.com

Graphic identity for "Toffees", a new "comfortable food and drinks" Bistro in Barcelona city. The graphics are based on a simulated stamp which included the text accompanied decorative borders, filigree and other graphic tools based on 19th century typography. Photographs of Daniela Visciglio play an important part in the identity of Toffees, featured on the invitation for the opening, the menu/magazine and set menu. The images are well textured to stimulate the sense of touch, printed on Edizione paper, coarse to the touch, with an unmistakable bronze hue, a superb texture and finish, definitive of the same quality at Toffees, where the dishes on the menu have a name of their own in a kitchen with aspirations to create the finest flavours and textures.

Identidad gráfica para un nuevo restaurante Bistró en Barcelona, "Toffees, comfortable food and drinks". Gráfica basada en un tampón simulado que incluye los textos acompañados de filetes, bigotes, filigranas y otras herramientas gráficas rescatadas del mundo compositivo tipográfico del siglo XIX. En la identidad de Toffees tienen especial importancia las fotografías de Daniela Visciglio, que están presentes en la invitación a la inauguración, en la carta/revista y en la tableta de la carta del día. Son imágenes con mucha textura para potenciar el sentido del tacto. Impresa sobre papel Edizione, un papel áspero con mucho tacto y a una tinta directa, color bronce, que le da el acabado de calidad, la misma calidad final que ofrece Toffees, donde la selección de su carta apuesta por el producto con nombre propio en una cocina que busca la excelencia en los sabores y las texturas.

IKERBASQUE TEST TUBE

DT CREATIVOS, Bilbao, Spain _ **www.dtcreativos.com**

Invitation for the conference of a chemist, printed in a small paper and sent rolled inside a test tube in a small bubble envelope as if it were some kind of laboratory sample.

La invitación para la conferencia de un químico se imprimió en un papel pequeño y se envió enrollada en un tubo de ensayo dentro de un sobre de burbujas, como si fuera una especie de muestra de laboratorio.

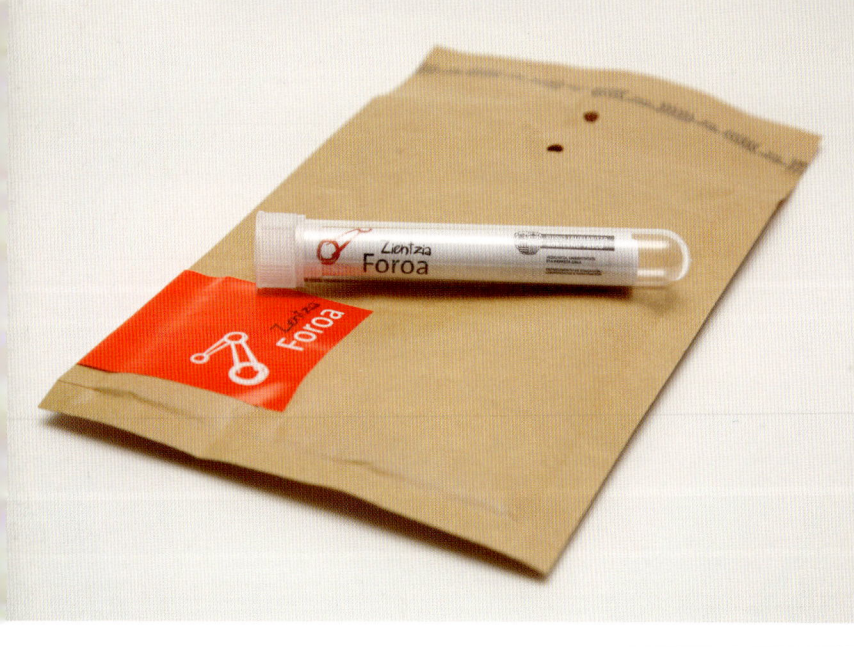

ELECTRONIC CHRISTMAS CARD
DT CREATIVOS, Bilbao, Spain _ www.dtcreativos.com

This Christmas card is designed and produced by the creative studio DT, and is made of a thick methacrylate card with a mirror finish and a small led badge inside. The led screen displays the greetings message. It is sent in a big silver envelope and the electronic badge is removable and programable, so the Christmas card becomes also a gift to use at anytime.

Esta tarjeta navideña está diseñada y producida por el estudio creativo DT. Ha sido creada con una cartulina gruesa de metacrilato con un acabado espejo y, en su interior, hay una pequeña chapa led que muestra la felicitación. Se envió en un gran sobre plateado y la chapa electrónica es de quita y pon y programable, por lo que la tarjeta de Navidad se convierte en un regalo útil para cualquier ocasión.

EL JARDÍ DE CAN MARIO

ANA CLAPÉS ESTUDI DE DISSENY, Barcelona, Spain DESIGN_Ana Clapés, Maria Antònia Mora PROJECT COORDINATORS FROM FUNDACIÓ VILA CASAS_Mr. Antoni Vila Casas (president), Nana Cardona, Jose Ma Alcoriza PHOTOGRAPHERS FLYER_Ana Clapés, Daniela Visciglio _ www.anaclapes.com

Folded invitation/poster for Can Mario, a contemporary art project, sponsored by Fundació Vila Casas, the arts and museum foundation. Together with Sr. Antoni Vila Casas, president of the Foundation, the design deliberately represents the identity of every one of the sculptors and their sculptural works. "El jardí de Can Mario" or garden of sculptures, in Palafrugell, Gerona, features sculptural pieces by local artists. These same artists consider l'Empordà to be their home, workplace and also their source of inspiration.

Invitación desplegable/póster para Can Mario, uno de los espacios de arte contemporáneo de la Fundació Vila Casas. Trabajo realizado mano a mano con el Sr. Antoni Vila Casas, presidente de la Fundación, ideando una pieza donde la identidad de cada uno de los artistas queda ligada a su obra escultórica. "El jardí de Can Mario" es un espacio de arte escultórico en Palafrugell, Gerona, en el que se ha apostado por artistas de la zona, que no sólo viven y trabajan en l'Empordà sino que también tienen aquí su fuente de inspiración.

PABLO & JANIRE WEDDING INVITATION
BRF DESIGN, Bilbao, Spain DESIGN_Borja del Rio Fernández _ www.brfdesign.com

The logo shows a four leaves clover in clean and minimal way and in a very bright green colour. The clover has a special meaning for the bride and groom and the symbol designed is used in all the elements created for the event.
The invitation itself forms a small and flat folded box and is sent in a metallic envelope. When opened, each one of the box flaps shows some numbers, describing how long it is since they first knew each other in a countdown way. Inside the box, a small three pages leaflet explains all the information related to the event. Underneath this leaflet and covered with instructions printed in onionskin paper lies the "emergency kit", with some pharmacy products (a wink to the bride's profession).

El logo muestra un trébol de cuatro hojas de un modo definido y minimalista y en un color verde muy brillante. Esta planta tiene un significado especial para los novios y se utilizó en todos los elementos creados para el acto.
La misma invitación forma una cajita plegable y plana, que se envió en un sobre metálico. Al abrirla, cada una de las solapas de la caja muestra unos números que representan una cuenta atrás desde el momento en que los novios se conocieron por primera vez. Dentro de la caja, un pequeño tríptico explica toda la información relacionada con el evento. En la parte inferior de éste y cubierto con las instrucciones impresas en papel de cebolla, está el «kit de emergencia» con algunos productos farmacéuticos (un guiño a la profesión de la novia).

ARTS SANTA MÒNICA. INVITATIONS
CLASE BCN, Barcelona, Spain TYPOGRAPHER_Íñigo Jerez _ www.clasebcn.com

The invitations for the Centre d'Art Santa Mònica came in the form of a poster featuring small quarterly collections with constantly occurring changes, each one based on different sources of material such as colour and variations in the abstract compositions starting from the central symbol. This concept -based on a breach of protocol as regards format, and diversity as regards design - creates the effect of a striking graphic design continually evolving and recurring over time.

Las invitaciones del centro Arts Santa Mònica se componen de pequeñas colecciones trimestrales en formato póster, que van sucediéndose mediante la utilización de diferentes recursos cada vez, como son el cambio de color y las variaciones en las composiciones abstractas a partir del símbolo del centro. Con estos conceptos - la ruptura del protocolo en cuanto a formato, y la diversidad en cuanto a diseño- se logra una gráfica muy patente que evoluciona y se reinventa en el tiempo.

10 YEARS OF COMERÇ 24. INVITATION
CLASE BCN, Barcelona, Spain _ www.clasebcn.com

June 2011. 10th anniversary of the Comerç 24 restaurant. To celebrate the event, the idea came to mind to create an invitation alluding to something along the lines of the restaurant's silver wedding. The final result was a postcard, chromium plated on one side to resemble a mirror, embossed in white, reflecting the celebration of a particularly special event.

En junio de 2011 se celebraron los 10 años del restaurante Comerç 24. Con este motivo, se ideó crear una invitación aludiendo a lo que podrían ser unas bodas de plata del restaurante. El resultado final fue la creación de una postal cromada por una cara a modo de espejo, con la aplicación de un estamping en blanco, dotándola así de un carácter festivo y particularmente especial para el evento.

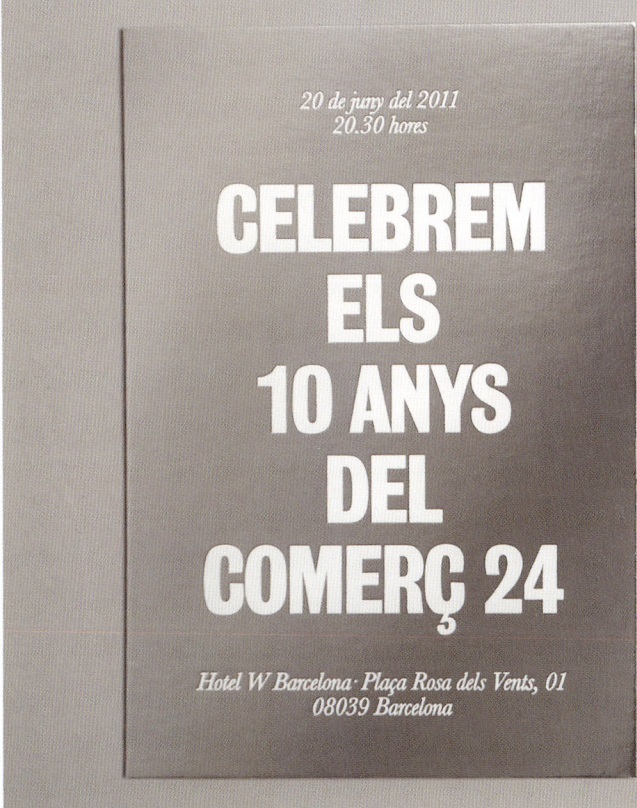

BCAM ORIGAMI CHRISTMAS
DT CREATIVOS, Bilbao, Spain _ www.dtcreativos.com

BCAM is a foundation for applied mathematics, and plays with origami in its corporative image. In Christmas a small box is sent with a card, a paper-boat shaped candle and some square papers decorated with math formulas and stars to build real paper boats with the provided instructions.

El BCAM es una fundación para las matemáticas aplicadas que, en su imagen corporativa, juega con la papiroflexia. En Navidad, se envió una cajita con una tarjeta, una vela con forma de barco de papel y algunos papeles cuadrados decorados con fórmulas matemáticas y estrellas para construir barcos de papel de verdad siguiendo las instrucciones facilitadas.

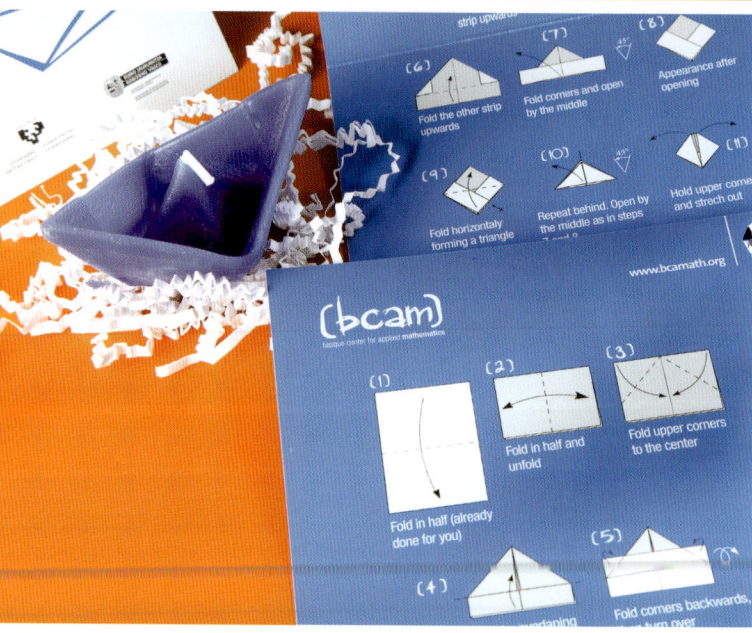

ALFA-OMEGA WEDDING INVITATION
DT CREATIVOS, Bilbao, Spain _ www.dtcreativos.com

A plastic blister with some items inside is used as a wedding invitation, simulating a commercial product. The invitation itself is silkscreened on a scarf typical of the region, and accompanied by another blister with rice and some badges. The back of the packaging have the instructions for the event completing the packaging.

Se utilizó un envase blíster de plástico con objetos dentro para la invitación de boda, como si se tratase de un producto comercial. La misma invitación está impresa en serigrafía en una bufanda típica de la zona y viene acompañada de otro envase blíster con arroz y algunas insignias. En la parte trasera del envase vienen las instrucciones para el evento, completando, así, la presentación.

50

IS CREATIVE STUDIO, Madrid, Spain / Lima, Perú DESIGN_Richars Meza _ www.iscreativestudio.com

Golden wedding anniversaries are something of an achievement in this day and age. Carlos and Laura were asked for 50 pieces of advice or thoughts on surviving such a long relationship. All 50 were featured on the invitation and presented as a gift to guests attending the ceremony.

Cumplir 50 años de matrimonio en estos tiempos es toda una hazaña. Se pidió a Carlos y Laura que escribieran 50 consejos o pensamientos para llevar una larga relación. Estos fueron incorporados en la invitación a modo de regalo a los invitados a la ceremonia.

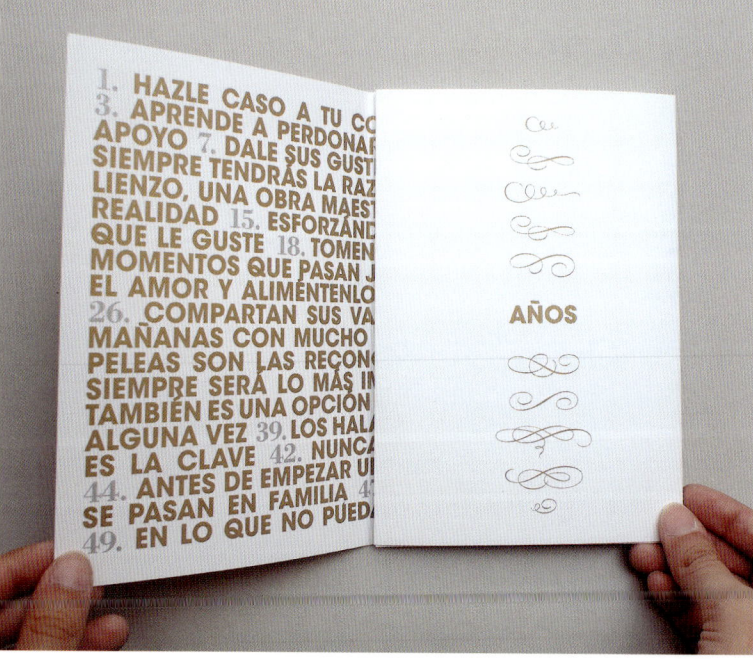

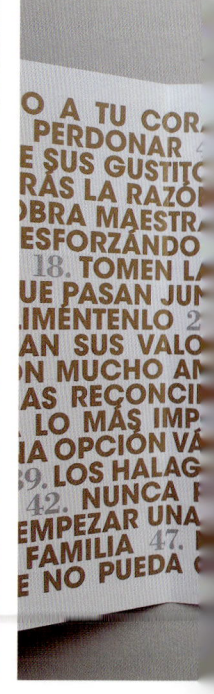

CARLOS Y LAURA
50

JUNTOS

ESCOGE LA PERSONA QUE AMARÁS Y
EVERA EN LA PACIENCIA 5. HAGAN TRAVES
UANDO EN CUANDO 8. TRÁTALA COMO UNA
REZCAN COMO PAREJA 11. LAS CARICIAS S
ODO CAMINO, DE LA MANO CANSA MENOS
OS LA RECOMPENSA ES MAYOR 16. TENGAN
SIONES JUNTOS 19. CREE EN EL AMOR A P
NUNCA SUBESTIMES EL PODER DE UNA ROS
OLVIDES LAS FECHAS IMPORTANTES 25. SOR
TRANSMÍTANLOS A SUS HIJOS 27. NUNCA
ENGRÍANSE MUTUAMENTE 30. OLVIDA PRO
IES 32. TRÁTENSE SIEMPRE COMO ENAMOR
E 35. SI SE SIENTE DÉBIL, DALE TU FUERZA
ESCÁPENSE JUNTOS CADA VEZ QUE PUEDAN
MPRE SON BIEN RECIBIDOS 40. EL TIEMPO HA
EL RESPETO MUTUO 43. CADA VEZ QUE
SIÓN PIENSA SI VALE LA PENA 45. DILE SIEMP
AJO NUNCA DEBE SER LO MÁS IMPORTAN
CEDE TÚ 50. RECUERDA QUE EL TIEMPO PA
CARLOS, ROSARIO, JOHN, PERCY Y RICHARS
TIENEN EL HONOR DE INVITARLES A PARTICIPAR EN LA CEREMONIA
POR LOS 50 AÑOS DE MATRIMONIO DE SUS PADRES
CARLOS Y LAURA
EL SÁBADO 26 DE FEBRERO A LAS 7:00 PM
EN LA BASILICA DEL ROSARIO (CONVENTO DE SANTO DOMINGO)

MANUEL AND JULIA
ANA CLAPÉS ESTUDI DE DISSENY, Barcelona, Spain DESIGN_Ana Clapés, Maria Antònia Mora _ www.anaclapes.com

Animation made with Flash for an online wedding invitations. Dynamic duo Manuel and Giulia, Spanish psychologist and Italian events co-ordinator respectively, organized an informal photo session of the couple incorporating elements from their every day lives and experiences as a couple: travel trips, when Giulia finally qualified or rode a bicycle, the hours she spent making telephone calls, both work and personal. Manuel finally placed the ring in a small jewellery box to symbolize the betrothal.

Animación Flash para invitación de boda "on line". Manuel y Giulia, una pareja dinámica y divertida, él psicólogo y ella montadora de eventos, él español y ella italiana. Se hizo una sesión fotográfica informal a los novios con elementos que formaban parte de su día a día y de sus aventuras como pareja: viajar juntos, conseguir que Giulia acabe reciclando o que monte en bicicleta, las horas que ella pasa a sus diferentes teléfonos por trabajo y familia. Finalmente Manuel puso el anillo en un pequeño joyero de juguete para reproducir la pedida de mano.

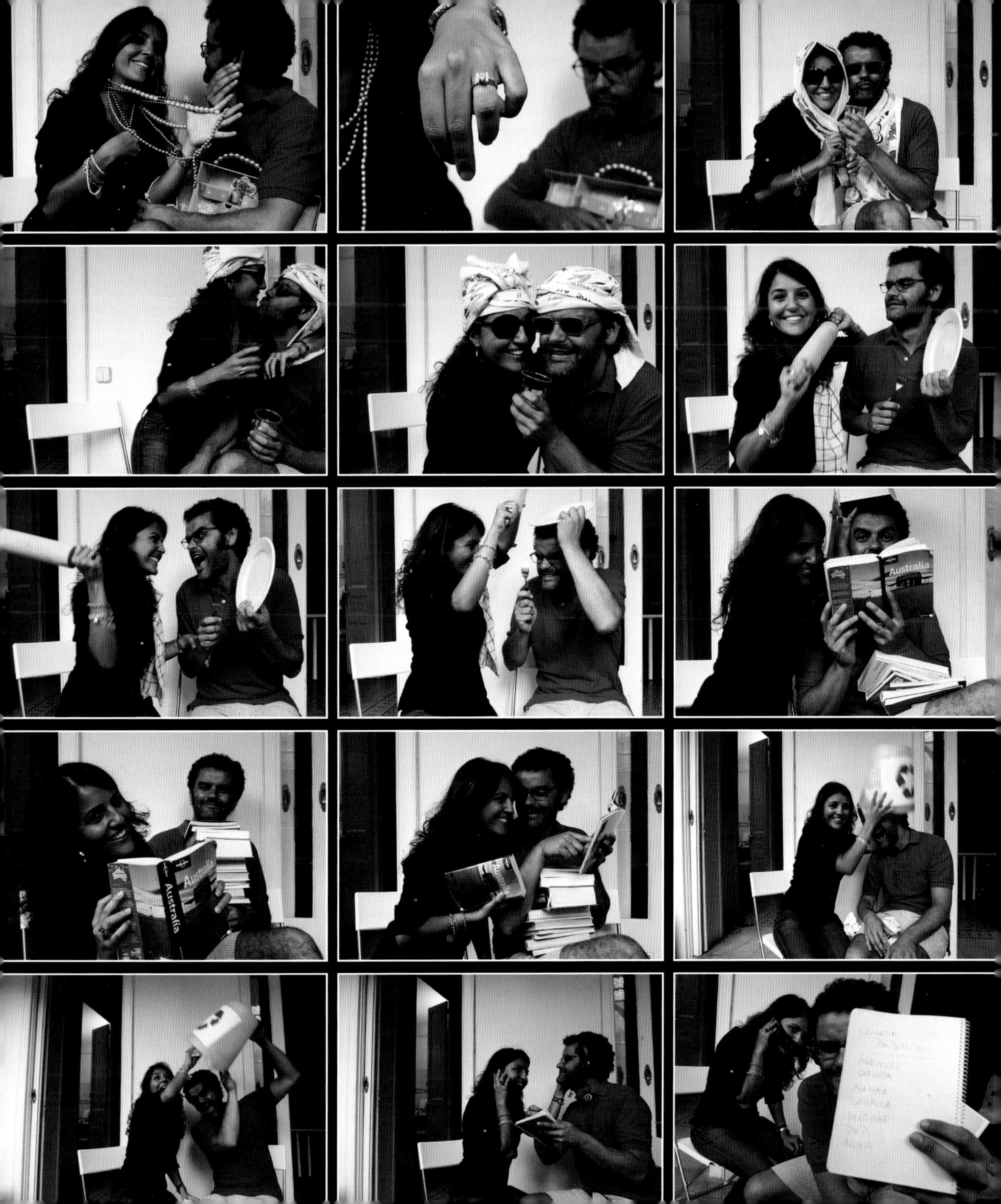
Australia

SÍ

IS CREATIVE STUDIO, Madrid, Spain / Lima, Perú DESIGN_Richars Meza _ www.iscreativestudio.com

Inspired by the graphics for TIFANNY & Co, the wedding invitations for Fanny & Carlos framed the highlight of the celebration, the moment the "sí, acepto" words were spoken, Peruvian for "I do". On the back of the invitation, the happy couple expressed their wedding vows.

Inspirada en la gráfica de TIFANNY & Co, la invitación de boda de Fanny & Carlos enmarca el "sí, acepto", momento cumbre de la ceremonia, que en Perú equivale al "sí, quiero" español. En el reverso de la invitación los novios expresan los votos de matrimonio.

THE EDMONT SOCIETY
RoAndCo STUDIO, New York, USA DESIGN_Cynthia Ratsabouth _ www.roandcostudio.com

The Edmont Society is an association of young writers and supporters committed to expanding the role of literature in the daily lives of younger New Yorkers. Named after the New York City hotel where Holden Caulfield stayed in The Catcher in the Rye, the Edmont Society comprises of an eclectic membership drawn from literature, the arts, publishing, and entertainment. For the first benefit we designed the invitation as a book jacket that wrapped around individual copies of The Catcher in the Rye donated by The Strand.

La Edmont Society es una asociación de jóvenes escritores y partidarios comprometidos con la expansión de la literatura en las vidas diarias de los jóvenes neoyorquinos. Llamada como el hotel de la ciudad de Nueva York donde Holden Caulfield estuvo en El guardián entre el centeno, *la Edmont Society está formada por un grupo ecléctico de miembros atraídos por la literatura, las artes, la edición y el entretenimiento. Para la primera función benéfica, se diseñó una invitación como una sobrecubierta que envolvía copias individuales de* El guardián entre el centeno *donadas por The Strand.*

TIMO WEILAND FW10 INVITATION
RoAndCo STUDIO, New York, USA DESIGN_Tadeu Magalhães _ www.roandcostudio.com

Timo Weiland's invitation was tied with a bow to give invitees a sneak peek into his FW 2010 fashion show's set design involving thousands of yards of draped ribbon.

La invitación de Timo Weiland estaba atada con un lazo para dar a los invitados un anticipo del diseño escénico de su desfile de moda otoño-invierno 2010, que estaba formado por miles de metros de cinta.

CHEMA & MARGA WEDDING INVITATION
LA CAJA DE TIPOS, Leioa (Bizkaia), Spain _ www.lacajadetipos.com

Perhaps one of the most symbolic acts of a wedding day celebration is the moment the couple are showered in rice as they cross the threshold of the church door as man and wife. The idea came about to create a wedding kit incorporating details of the ceremony and a small handful of rice, to avail guests of any concern since failing to purchase the rice is not an uncommon occurrence. No problems on this occasion however. Simply by following the instructions on the invitation Marga and Chema were able to walk out of the church knowing that at least the rice was guaranteed.

Quizás, una de las cosas más representativas del día de la boda es la lluvia de arroz que reciben los novios cuando salen de la iglesia ya convertidos en marido y mujer. La idea fue crear un kit de boda donde además de la información propia del evento también se incluyera un puñadito de arroz para que los invitados no tuviesen que preocuparse por ello. A menudo sucede que nadie se ha acordado de comprarlo. Así que haciendo caso de las indicaciones de la invitación, ese día no habría problema. Marga y Chema podrían salir de la iglesia sabiendo que por lo menos el arroz lo tenían asegurado.

TIKOU TIKOU

AERAKI, Athens, Greece DESIGN_Despina Aeraki TEXT_Yiannis Tsortanidis _ www.aeraki.gr

During the meeting with her mom and dad, the designer tried to discover the most cute details of little Katarina's personality. She picked up "tikou-tikou", out of her babytalk, to illustrate the invitation. Also drew a bear on it, as a bear-doll was her favorite toy. The fabric bib-invitations were offered as wrapped presents to the guests. Invitation gift bag, packaging sticker, bib-invitation, invitation logo candy.

Durante el encuentro con los padres, la diseñadora trató de descubrir los detalles más graciosos de la personalidad de Katarina. De su lenguaje de bebé, captó un «tiku-tiku» que reflejó en la invitación. También dibujo un oso, ya que el oso de peluche era su juguete favorito. Las invitaciones en forma de baberos de tela fueron entregadas a los invitados como regalos envueltos. Bolsa de regalo como invitación, pegatinas para el envoltorio, invitación en forma de babero, invitación con logo de caramelo.

ARNSDORF SS11 INVITATION
RoAndCo STUDIO, New York, USA DESIGN_Tadeu Magalhães _ www.roandcostudio.com

We created an intricately folded poster lookbook and a pop-up invitation inspired by crystals representative of Arnsdorf's Spring/Summer 2011 "Opticks" collection concept, "reflections, refractions, inflections, and colors of light."

Se creó un póster del lookbook de difícil plegado y una invitación con ilustraciones inspirada en los cristales que representan el concepto de la colección «Opticks» primavera-verano 2011 de Arnsdorf. Reflejos, refracciones, inflexiones y los colores de la luz.

LORICK SS09 INVITATION
RoAndCo STUDIO, New York, USA DESIGN_Roanne Adams _ www.roandcostudio.com

For Lorick's big debut into the fashion world, we created a multidisciplinary installation during New York's Spring '09 Fashion Week. Deconstructing the idea of "keeping up appearances," we juxtaposed Lorick's signature clean silhouettes with scenes of chaos and destruction.

Para el gran debut de Lorick en el mundo de la moda, se creó una instalación multidisciplinar durante la semana de la moda de Nueva York de la primavera de 2009. Al deconstruir la idea de «mantener las apariencias», se yuxtapusieron las emblemáticas siluetas definidas de Lorick con escenas de caos y destrucción.

ENCUBRIMIENTOS
IS CREATIVE STUDIO, Madrid, Spain DESIGN_Richars Meza _ www.iscreativestudio.com

An invitation for the inauguration of "Encubrimientos", the exhibition held in the Instituto Cervantes as part of the PhotoEspaña 2010. The design concept for these invitations was based on the meaning the exhibition title, screening or concealing. The invitation featured two parallel realities, both visible from different angles. Lenticular material proved to be ideal for creating the illusion on the invitations. The choice for the press conference was based on white printed tracing paper, the print visible only against the light.

Invitación realizada para la inauguración de la exposición "Encubrimientos" del Instituto Cervantes, en el marco de PhotoEspaña 2010. El concepto para el diseño de estas invitaciones lo dió el propio título de la exposición: se muetran dos realidades paralelas que se pueden conocer desde distintos ángulos de visión. El material lenticular fue el medio idóneo para hacerlo posible en las invitaciones de la inauguración. Para las de la rueda de prensa se optó por un papel vegetal, que con una estampación en blanco era visible solo a la contraluz.

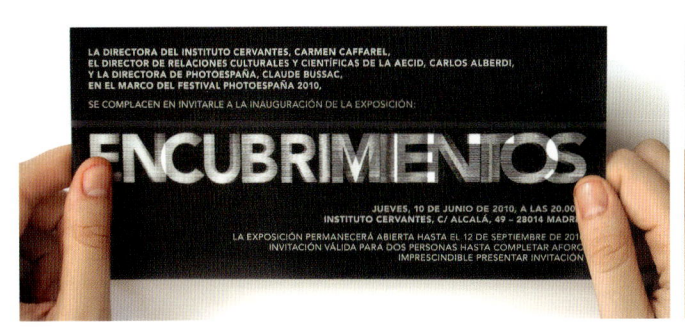

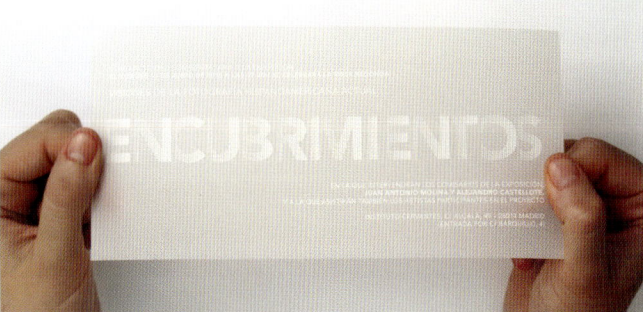

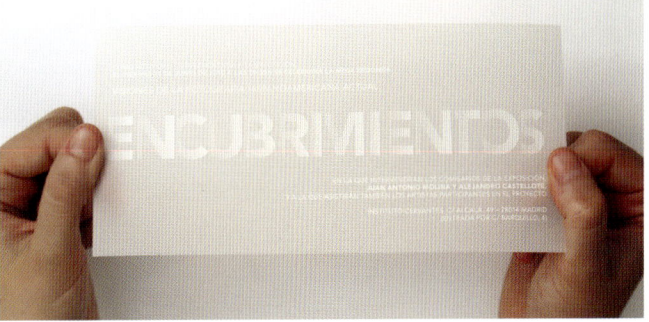

ORBITAL 40 INVITATION
CLASE BCN, Barcelona, Spain _ www.clasebcn.com

The invitation for the official opening of the Orbital 40 science and technology park toys with the concept for the identity and the design itself, starting with the logo initial transformed into an abstract symbol and graphical code with degraded colour dynamics, reflecting the expansive prospect of the project itself.

La invitación para la presentación del parque tecnológico Orbital 40 juega con el propio diseño y concepto de la identidad, que partiendo de la inicial del logotipo se transmuta en un símbolo y un código gráfico abstracto y dinámico de color degradado, como reflejo de la vocación expansiva del propio proyecto.

SITA MURT CIBELES S/S 2011
CLASE BCN, Barcelona, Spain _ www.clasebcn.com

A promotional series for Vip entry to the Cibeles fashion show. The result is a collection of elegant and sophisticated golden invitations doubled as keepsakes for the guests.

Se trata de una serie promocional para entregar al público Vip durante la pasarela Cibeles. El resultado es un conjunto de piezas doradas, con un acabado elegante y sofisticado, las cuales sirven de recuerdo para los asistentes.

HONOR FW11 INVITATION AND GIFT

RoAndCo STUDIO, New York, USA DESIGN_Lotta Nieminen, Tadeu Magalhães _ www.roandcostudio.com

Honor's Autumn/Winter 2011 collection was based on the idea of finding beauty in mundane surroundings -- a concept inspired by Giovanna Randall's childhood memory in Caldor (a now defunct east coast American discount department store). The collateral for Honor's AW11 Fashion Show was based on images of decrepit and deserted Caldor stores.

La colección otoño-invierno 2011 de Honor se basó en la idea de encontrar la belleza en los alrededores banales: un concepto inspirado en los recuerdos de la infancia de Giovanna Randall de Caldor, unos grandes almacenes de rebajas, ya desaparecidos, de la costa este americana. La garantía del desfile de moda otoño-invierno 2011 de Honor se basó en imágenes de las tiendas Caldor deterioradas y desiertas.

HONOR

HONOR
WWW.HONORNYC.COM
AUTUMN/WINTER 2011
BOUND MOVEMENT
MOVEMENT BOUND

HONOR

HONOR

WEDDING IN PELION

SOPHIA GEORGOPOULOU, Athens, Greece DESIGNER/ILLUSTRATOR Sophia Georgopoulou _ www.sophiag.com

The inspiration of this wedding invitation was Mount Pelion itself, the actual venue of the wedding. Pelion, a mountain in central Greece, near the city of Volos, according to Greek Mythology, was the favourite venue of the Greek Gods. Centaurs, Nymphs and all heroes of Greek mythology lived & were raised there. For this wedding, an invitation, a menu, a "thank you" card, cards with the guests' names and the names of the tables (names of Greek Mythology) were created.

La inspiración de esta invitación de boda fue el propio monte Pelión, lugar donde se celebró la boda. Pelión, una montaña situada en la región de Grecia Central, cerca de la ciudad de Volos, era el lugar preferido de los dioses griegos, según la mitología griega. Centauros, ninfas y todos los héroes de la mitología griega vivieron y se criaron allí. Para esta boda, se hicieron la invitación, el menú, una tarjeta de agradecimiento, tarjetas con los nombres de los invitados y las de las mesas con nombres de la mitología griega.

The hen party!

The bachelor party!

On the way to Volos...

CANDELA SS11 INVITATION

RoAndCo STUDIO, New York, USA DESIGN_Cynthia Ratsabouth _ www.roandcostudio.com

For the Spring/Summer '11 Presentation, we transformed the Jane Hotel into a trading post, a place where two worlds collide, exploring the ever present theme of duality in Candela's collections. The invitation's design took its inspiration from an old telegram and held a feather to represent the the coming together of two cultures – indigenous world v. industrial and civilized.

Para la presentación primavera-verano 2011, se transformó el Hotel Jane en una tienda donde colisionan dos mundos y que explora el siempre presente tema de la dualidad en las colecciones de Candela. El diseño de la invitación se inspiró en un antiguo telegrama y ésta contenía una pluma para representar la unión de dos culturas: el mundo indígena frente al industrial y civilizado.

ARIS + KIKI
AERAKI, Athens, Greece DESIGN_**Despina Aeraki** _ www.aeraki.gr

The colour orange was chosen by Kiki for the whole marriage decoration and for the invitation, as well. There are various stitches on the invitation and its envelope, as a reference to Kiki's habit of creating her own clothes.

El color naranja fue el elegido por Kiki para toda la decoración del enlace y, también, para la invitación. En el sobre y en la invitación, hay varias puntadas que hacen referencia a la costumbre de Kiki de crear su propia ropa.

AITOR & NAGORE WEDDING INVITATION
LA CAJA DE TIPOS, Leioa (Bizkaia), Spain _ www.lacajadetipos.com

According to the RAE, a wedding is a ceremony in which two persons are joined in matrimony, both indispensable to the occasion. The significance of this concept as an essence of the event was put forward to Aitor and Nagore, both of which liked and went ahead with the idea. For an important project such as this, it was essential to take a gamble and opt for a special base, transparent acetate paper, divided into two pieces, both containing part of the invitation text. To highlight the concept of the union even more, the text was separated by letters randomly scattered on both acetate sheets. Therefore, the only way to read and comprehend the text was by joining the two parts, just like a wedding.

Según la RAE una boda es una ceremonia mediante la cual se unen en matrimonio dos personas y donde las dos partes son indispensables para que ésta se pueda llevar a cabo. Se comentó con Aitor y Nagore la importancia de que este concepto estuviese presente como esencia del evento. La idea les gustó y se siguió adelante con ella. Para un proyecto con tanto significado había que arriesgarse y usar un soporte especial, un acetato transparente dividido en dos piezas donde cada una de ellas contuviera parte del texto de la invitación. Para remarcar aún más el concepto de unión que se quería transmitir, se separó el texto por letras repartidas aleatoriamente en ambos acetatos. Así, la única manera para poder leer el texto y entender la invitación era juntar esas dos partes, lo mismo que en una boda.

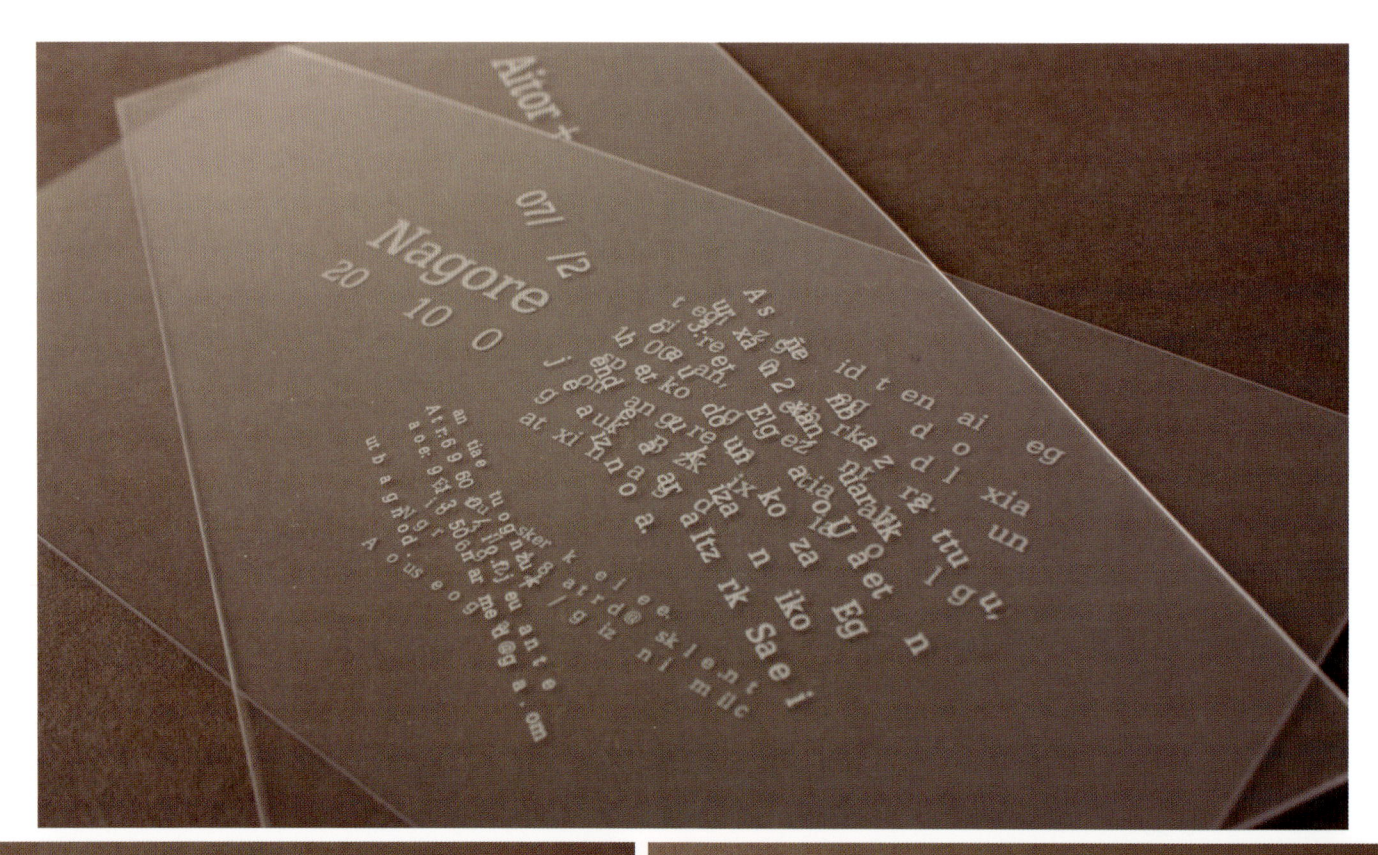

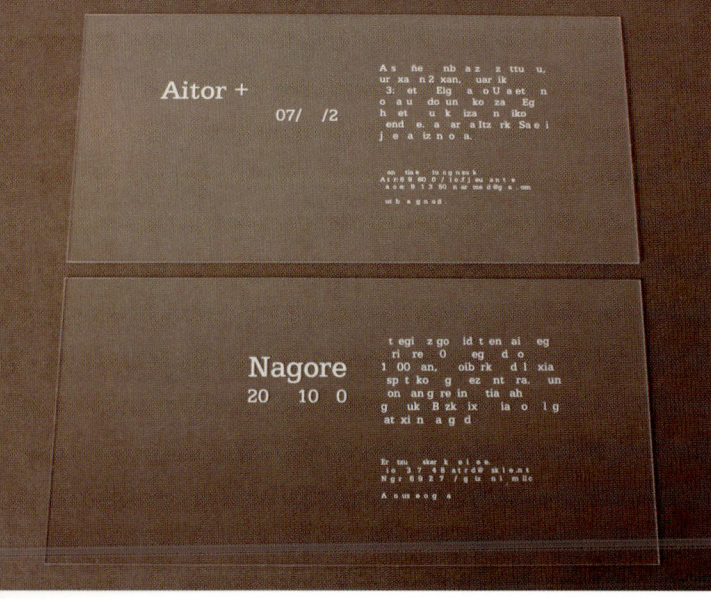

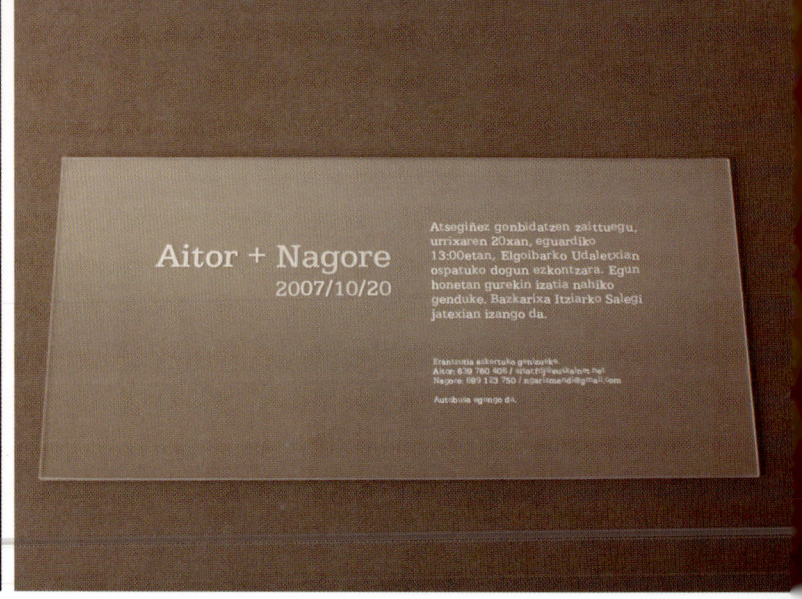

INVITATION FOR LA CAJA DE TIPOS
LA CAJA DE TIPOS, Leioa (Bizkaia), Spain _ www.lacajadetipos.com

The annual Bizkaia wedding expo attracts all manner of exhibitors associated with the world of weddings. Caja de Tipos chose to participate in this year's event to make their work known to the public. Marketing wedding invitations meant having to come up with a somewhat unique strategy to draw attention at the show. What better than an invitation to visit the company's website or studio to see the work for themselves? So they printed the paper, cut the ribbons, sealed the strips, ready for a flyer/invitation, the text and typography typical of classic invitations received by us all at one time or another. The invitations were distributed to visitors throughout the show.

Cada año se celebra en Bizkaia una feria donde se reúnen diversos sectores relacionados con el mundo de las bodas. La Caja de Tipos quisieron participar de esta feria y dar a conocer su trabajo. Para ello se propusieron hacer algo distinto que llamase la atención de los que se acercasen por allí. Si querían vender invitaciones de boda ¿qué mejor que invitar a la gente a visitar su web y su estudio para ver sus trabajos? Imprimieron el papel, cortaron los lazos, lacraron las hojas, todo ello para hacer un flyer/invitación que hiciese referencia mediante el texto y la tipografía, a esas invitaciones clásicas que todos hemos recibido en alguna ocasión. Los días de la feria estuvieron repartiendo sus invitaciones al público asistente.

HONOR SS11 INVITATION
RoAndCo STUDIO, New York, USA DESIGN_Tadeu Magalhães _ www.roandcostudio.com

Honor, a high-end women's luxury brand, wanted to create something unique and luxurious for the launch of their brand-- strong, sophisticated, yet fun and modern. We pulled inspiration from 1960's French films, Le Ballon Rouge and Belle Du Jour, to help establish Honor's collection image. Inspired by all things Parisian, the show invitation came in a box along with gourmet macarons, which created a buzz in the fashion community and a large turnout at the show.

Honor, una marca de lujo para mujeres de vanguardia, quería crear algo único y lujoso para el lanzamiento de su marca: fuerte y sofisticada pero divertida y moderna. Nos inspiramos en las películas francesas de la década de los sesenta, Le Ballon Rouge y Belle Du Jour, para ayudarnos a establecer la imagen de la colección de Honor. Inspirada en todo lo parisino, la invitación para el desfile venía en una caja junto con los gastronómicos macarons, que provocaron un cierto murmullo en el colectivo de la moda y una gran concurrencia en el desfile.

YOUR PRESENCE IS REQUESTED AT
GIOVANNA RANDALL'S
PREMIERE COLLECTION
HONOR
SPRING/SUMMER 2011 PRESENTATION
FRIDAY, SEPTEMBER 10TH
2PM - 3:30PM
THE RAMSCALE LOFT
463 WEST STREET
AT BETHUNE STREET
NYC
RSVP.
HN@KRUPPGROUP.COM

HONOR

TAST DE VINS / WINE TASTING
ANNA JORDÀ, Barcelona, Spain DESIGN_Anna Jordà _ www.annajorda.cat

A group of wine experts arrange a monthly wine-tasting gathering for wine lovers, also with the intention of attracting professionals in the field. The primary feature is a diptych glued to the top with a bottle of wine on one side and a glass of wine on the other. In the form of a champagne cork, the inserted flap displayed the dates of every occasion, printed in black and white. Notebooks were also produced with cards, pencils and bottle labels to tick off for newcomers to the wine-tasting experience.

Un grupo de aficionados al vino organiza mensualmente catas de vinos en las que participan amantes de la enología y que pretende también atraer a profesionales del sector. La pieza principal es un díptico encolado en la parte superior que por un lado presenta una copa de vino y por el otro una botella. A modo de tapón de espuma se introduce la lengüeta con la fecha de realización de cada evento, escrita en blanco y a mano. También se han realizado libretas de notas con fichas para las catas, lápices y fundas de botellas con etiquetas para numerarlas en las catas a ciegas.

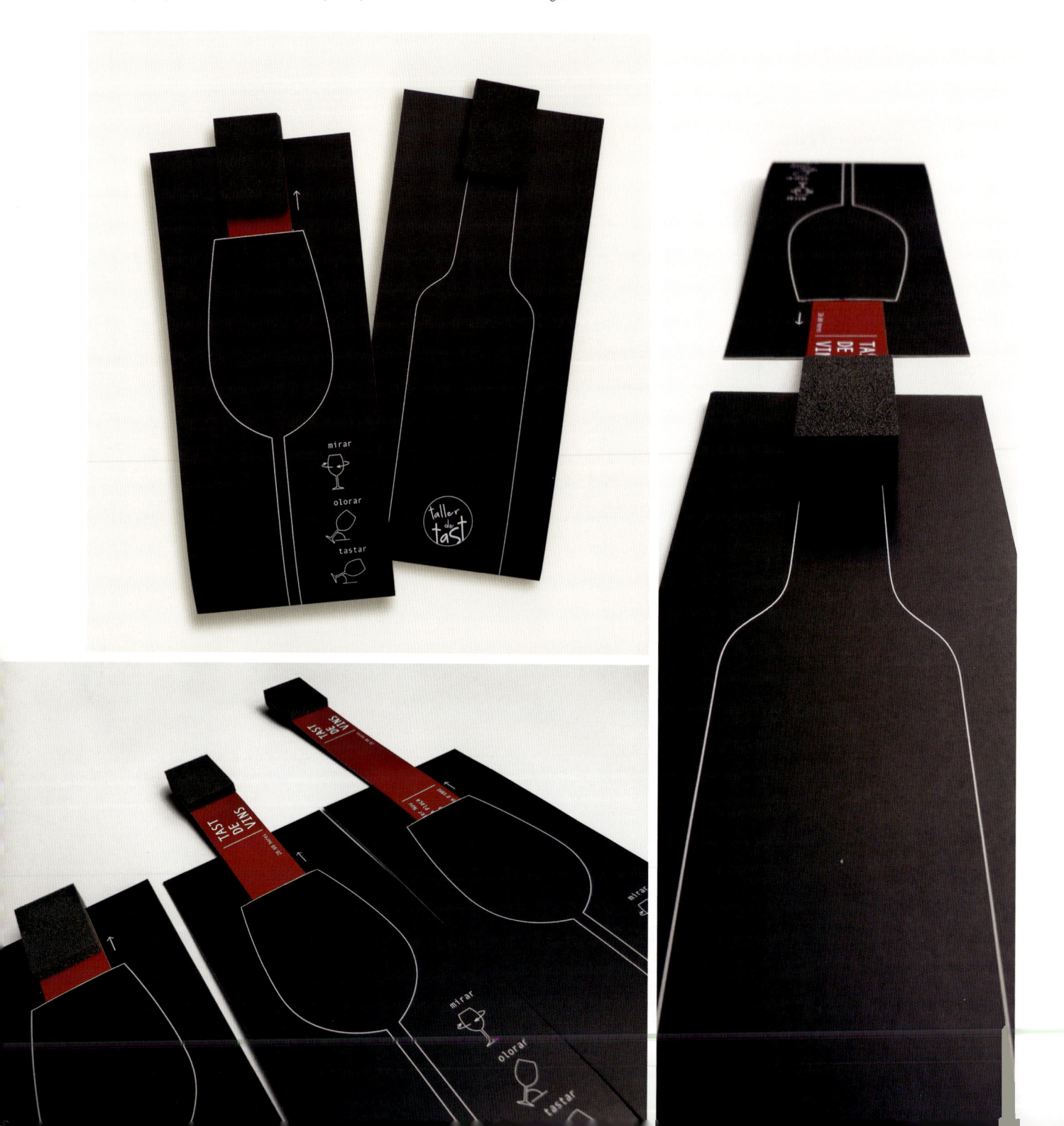

TAST
DE
VINS
20.00 hores
TAST
DE
VINS
20.00 hores
NOTES
DE
TAST
mirar
olorar
tastar
taller de tast
mirar
olorar
tastar

taller de tast
taller de tast

TAST
DE
VINS
VISTA:
valorar la intensitat
i la claredat del color
OLFACTE:
valorar la intensitat
i la qualitat de l'olor
BOCA:
valorar la intensitat i la
persistència dels gustos en
el conjunt de la boca
ARMONIA:
apreciació global
PUNTS
Nº
PUNTUACIÓ TOTAL
[es puntua de l'1 al 5]
D.O.
mirar olorar tastar

FER & NORA WEDDING INVITATION
LA CAJA DE TIPOS, Leioa (Bizkaia), Spain _ www.lacajadetipos.com

Fer and Nora wanted their wedding to be a spectacular occasion for guests to celebrate and have a good time in the company of the happy couple. The idea best suited to the couple's requirements was an invitation the guests themselves could personally finish off to suite their taste. The outcome was an invitation divided into two halves, the bottom half with the instructions, date and time of the wedding; the top half with micro perforated lazer cut circles for guests to separate at their will, to create various elements associated with weddings (a heart, rings, king prawn…..). The instructions included some examples but every guest was free to do as they pleased to make their invitation personal. Last but not least, any remaining circles were transformed into confetti to shower the newlyweds as they left the church.

Fer y Nora querían que su boda fuese una gran fiesta donde todos los invitados se divirtiesen y pasasen un buen rato en su compañía. La idea que mejor se adaptaba a lo que los novios querían, era una invitación que los propios invitados pudieran terminar a su gusto. Se creó una invitación dividida en dos partes, la inferior con los datos del evento y las instrucciones de uso y la superior, con una serie de círculos microperforados con láser, que podían ser separados al gusto de cada invitado para dibujar diversos elementos referentes a la boda (un corazón, unos anillos, un langostino…). En las instrucciones se dan ideas, pero cada uno es libre de hacer lo que quiera para convertir su invitación en algo personal. Además, los círculos sobrantes se convierten en un confeti para echárselo a los novios a la salida de la iglesia.

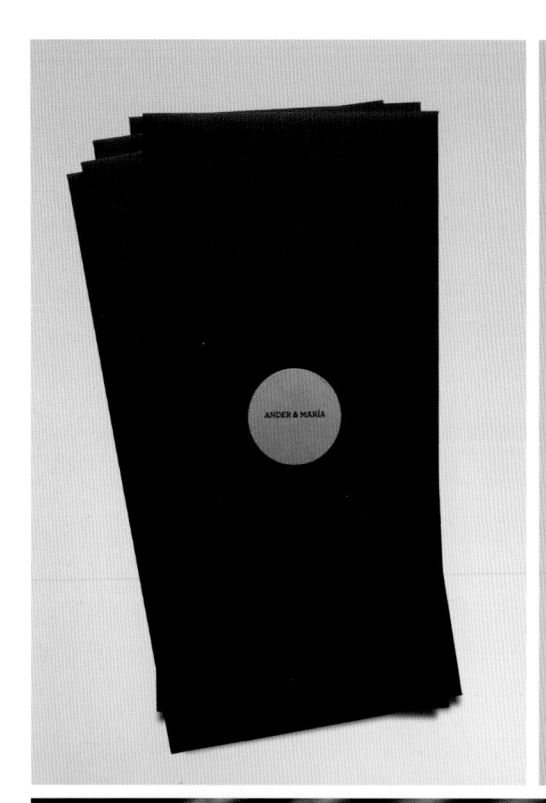

FER & NORA

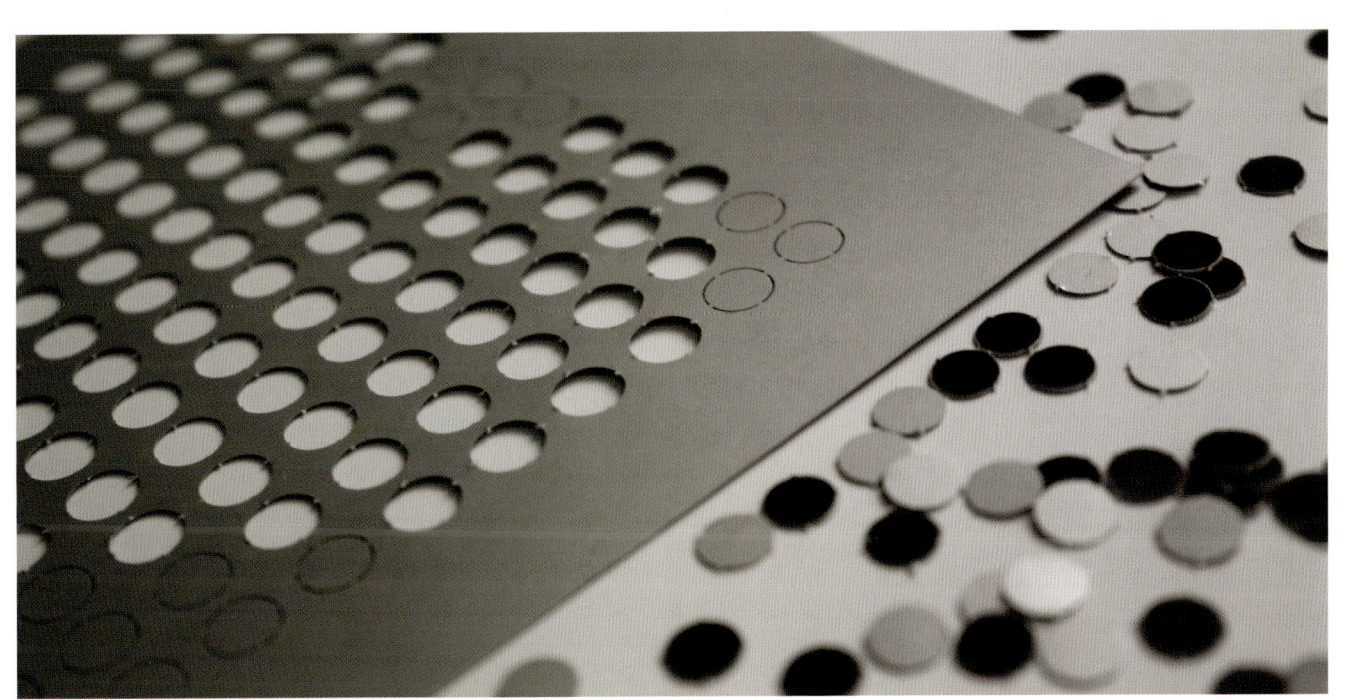

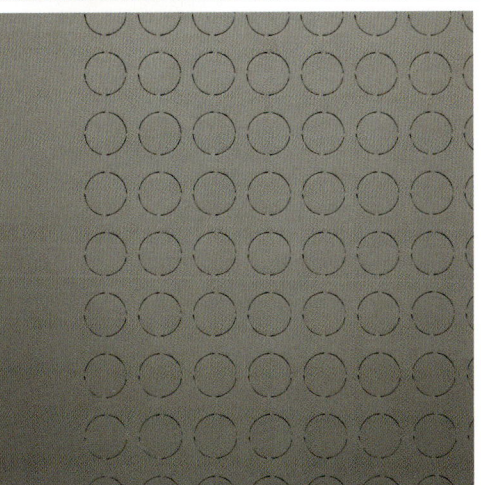

JOSU. RECORDATORIO DE COMUNIÓN
LA CAJA DE TIPOS, Leioa (Bizkaia), Spain _ www.lacajadetipos.com

In the quest for information on commemorating a First Communion, a conclusion was reached that the most important factor about this day was that the child would take communion for the very first time. Based on this, the idea came to mind to transform the card into a Sacred Host along the lines of the First Communion certificate Josu was going to receive on the day. Starting with a rounded format, Josu's christian and surname were engraved in relief on one of the faces. As on some real Hosts, a small calligraphy border on the back of the card transforms the text into a decorative circle. Josu and his parents alike are enchanted by the simple but original design created specially for the occasion.

Buscando documentación referente a la celebración de la Primera Comunión se llegó a la conclusión de que lo más importante de ese día es que el niño comulga por primera vez. Con esta idea como punto de partida, se convirtió el recordatorio en una Hostia Sagrada como la que Josu iba a recibir el día de su Primera Comunión. De ahí el uso de un formato redondo y el el nombre y apellidos de Josu grabados en relieve en una de las caras. La parte trasera recrea, como en algunas Hostias reales, una pequeña cenefa creada a partir de una tipografía caligráfica que convierte el texto en un círculo decorativo. El resultado es un trabajo sencillo pero original del cual, tanto Josu como sus padres, quedaron encantados.

ROSE COUTURE WEDDING INVITATION
NATOOF DESIGN, Dubai, United Arab Emirates DESIGN_Mariam Bin Natoof _ www.natoof.com

The theme of the wedding involved around the rose petal, and the colors were gold and pure white. The invitation couldn't be more delicate and elegant with the two rose cuts on the fronts folded to see through the golden metallic paper. The Arabic calligraphy wordings were gold foiled and we included a small pocked to hold the VIP entrance cards. Not wanting to defer the attention from the invitation, the envelope was kept in plain white with flower shape cut in the middle to show the inserted invitation. The bride distributed gifts for the invitees along side with her invitations; therefore we have created the tags to decorate the packages with the rose pendants.

El tema de la boda giró en torno a los pétalos de rosa y los colores elegidos fueron el dorado y el blanco puro. La invitación no podía ser más delicada y elegante con dos cortes en forma de rosa en la parte frontal y doblada de tal manera que dejaba entrever el papel metálico dorado. El escrito en caligrafía árabe se estampó en dorado y se añadió una pequeña obertura para poner las tarjetas de entrada VIP. Para no desviar la atención de la invitación, el sobre se mantuvo en blanco con un corte en forma de flor en el centro, que dejaba ver la invitación. La novia repartió a los invitados los regalos junto con las invitaciones, motivo por el que se hicieron las etiquetas, que sirvieron para decorar los paquetes con rosas colgantes.

TOP SECRET

KANELLA, Athens, Greece DESIGN_Kanella Arapoglou _ wwww.kanella.com

The concept behind this wedding invitation was based on the fact that nobody, besides the couple, could imagine that they have decided to get married. The tiny wooden box looks like a shipping crate and surprises the recipient with its content. The "top secret" is partially revealed when the guest opens the package and reads the card saying: "See you in September"

La idea de esta invitación de boda se basó en el hecho de que nadie, excepto la pareja, se podía imaginar que habían decidido casarse. La cajita de madera recuerda a una caja de envío y sorprende con su contenido a quien la recibe. El «top secret» se revela, parcialmente, cuando el invitado abre el paquete y lee en la tarjeta: «Nos vemos en septiembre».

K & J WEDDING INVITATION

J. FLETCHER DESIGN, Charleston, SC, USA DESIGN_Jay Fletcher PRINTER_Sideshow Press ↳ www.jfletcherdesign.com

Aside from celebrating the beginning of a lifelong adventure with my best friend, my wedding also gave me the rare chance to be my own client. Much to my wife's credit, she handed over full creative control of our invitations, saying simply "I'm sure I'll love whatever you come up with."
As much as it might have been fun to use a bunch of blackletter typefaces and neon inks, I figured it'd be best to reign it in and create something that felt like a merger of both our personalities. The end result takes that idea literally by sandwiching simple elements & textures which represent the two of us as individuals to create a finished package that's distinctly "us." That's my design mumbo-jumbo explanation, anyway. Really, I just wanted to put her in a cameo and myself in a plaid shirt, and somehow print it on actual wood.

Además de celebrar el inicio de una aventura para toda la vida con mi mejor amiga, mi boda también me dio la extraña oportunidad de ser mi propio cliente. Muy a favor de mi mujer, ésta me entregó todo el control creativo de nuestras invitaciones diciéndome simplemente: «Estoy segura de que me encantará cualquier cosa que propongas».
Por mucho que me pareciera divertido utilizar un montón de tipos de letras góticas y tintas fosforescentes, pensé que lo mejor sería crear algo que fuese como una fusión de nuestras personalidades. El resultado final refleja, literalmente, esa idea, ya que inserté elementos y texturas sencillos, que nos representan a ambos como individuos, con el fin de crear un paquete completo que refleja, claramente, un «nosotros». Al menos, esa es mi explicación sin sentido del diseño. En realidad, sólo quería representarla a ella en un camafeo y, a mí mismo, con una camisa a cuadros y, por alguna razón, estamparlo sobre madera.

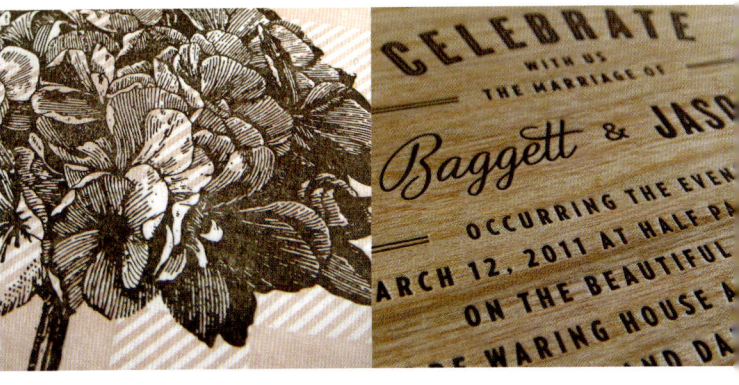

THE NIGHT OF THE MUSEUMS (LA NUIT DES MUSÉES)
MURMURE, Caen, France DESIGN_Murmure _ www.murmure.me

Invitations for The Night of the Museums (la Nuit des Musées) a once a year event that celebrates spring season by opening the museums at night and putting art installation near monuments and cultural buildings everywhere in France. These greeting card are semi transparent polypropylene boards, printed with serigraphy, put in a black envelop pierced through and through randomly, imitating the luminous mushroom of the art installation it promotes. It was attached to luminous balloon, filled with enough Helium so he whole remains on the ground. The assembly is scattered in the city few nights before the event, free to move.

Invitaciones para Le nuit des musées (La noche de los museos), evento anual que celebra la estación de la primavera abriendo los museos por la noche y poniendo instalaciones de arte cerca de monumentos y edificios culturales por toda Francia. Estas tarjetas de felicitación son cartulinas de polipropileno semitransparente, impresas en serigrafía y puestas en un sobre negro completamente perforado aleatoriamente, que representan el luminoso crecimiento de la instalación de arte que promueven. Los sobres se ataron a globos luminosos inflados con suficiente helio como para que permanecieran en el suelo. Los asistentes se dispersan libremente por la ciudad pocas noches antes del evento.

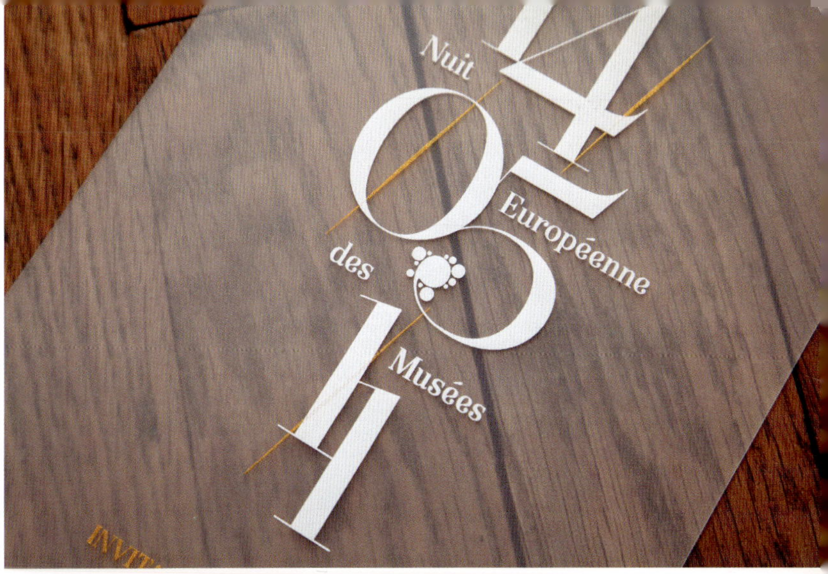
Nuit
Européenne
des
Musées

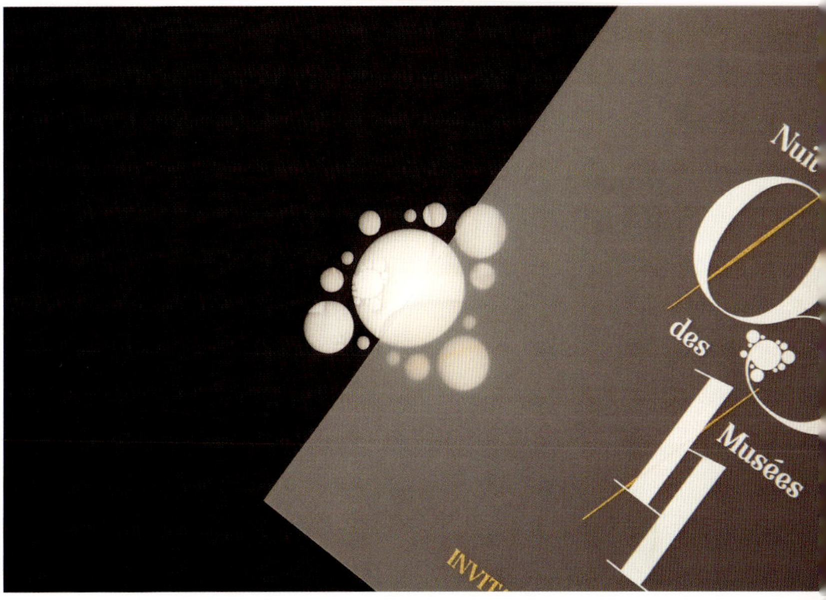
Nuit
des
Musées

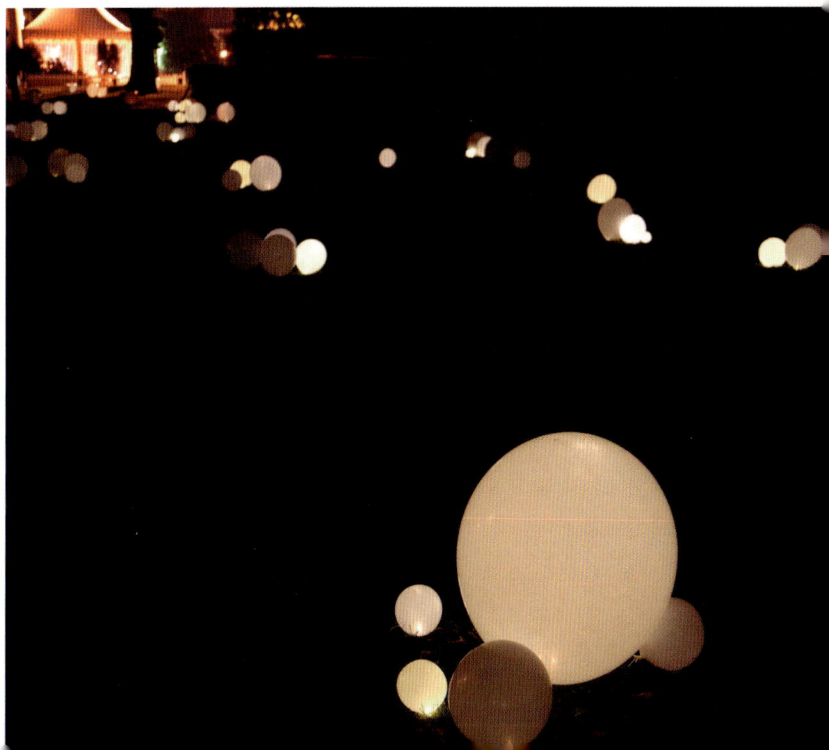

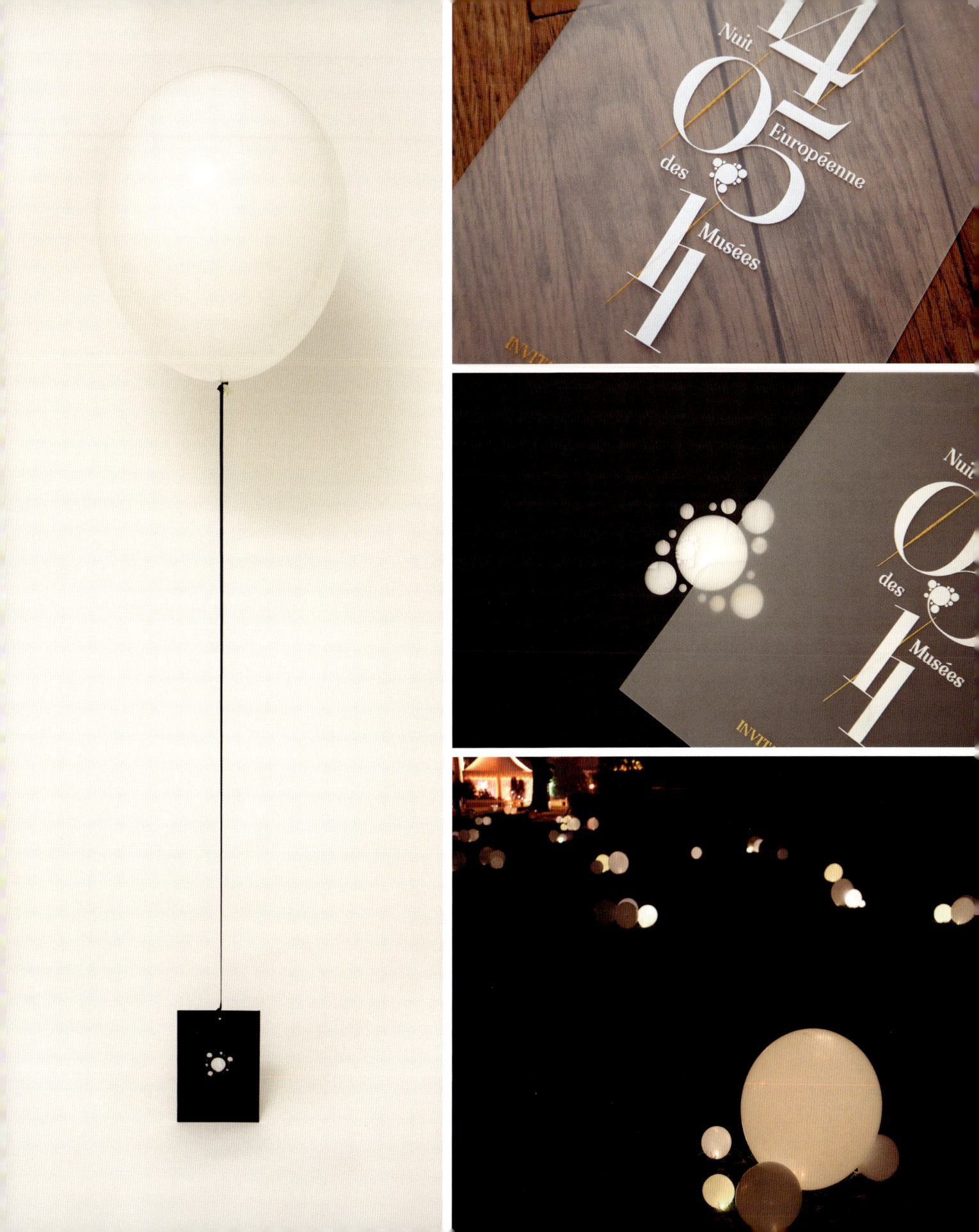

AUDIO BRIGHTON & SOUTHAMPTON INVITATIONS
FILTHYMEDIA, Brighton, United Kingdom DESIGN_Josh White _ www.filthymedia.com

Audio Brighton turned six years old in 2010 so to celebrate the event, and the launch of Audio Southampton in the same month, we were asked to produce 500 bespoke invitations for each club. The artwork was influenced by the evening's disco theme, with six abstract, overlapping shapes printed in a dark foil, de-bossed and triplexed by Generation Press.

Audio Brighton cumplía seis años en el 2010 y, para celebrar el evento y el lanzamiento de Audio Southampton en el mismo mes, nos encargaron 500 invitaciones personalizadas para cada club. El material gráfico estuvo influenciado por la temática de las discotecas nocturnas y se hizo en seis láminas superpuestas y abstractas de tres capas, impresas en una lámina oscura y estampadas en bajo relieve. Fueron creadas por Generation Press.

MARCOS BAPTISM
FLOR TASSO, Buenos Aires, Argentina DESIGN_Flor Tasso _ www.behance.net/flortasso

A mission to celebrate a baptism. Marcos is an active, independent baby who loves to play and scrutinize anything he can get his hands on. The card sought to project the child's view of the world and its contents, humanizing objects and places as if they were his very first friends and travel companions in his world of imagination.

Proyecto realizado para la celebración de un bautismo. Marcos es un bebé muy activo e independiente, que adora jugar con objetos y explorarlos incansablemente. La tarjeta busca proyectar su vision del mundo y de las cosas, humanizando objetos y entornos como si ellos fueran sus primeros amigos y compañeros de aventuras en el universo de su imaginación.

TOGETHER...
AERAKI, Athens, Greece DESIGN_Despina Aeraki TEXT_Harry Tzannis GIFT'S CONSTRUCTION_Despina Bournele _ www.aeraki.gr

Giorgos and Vassia were about to get married and christen both of their children, Angelos and Despina, at the same time. Designing a common invitation for the three ceremonies was a major creative challenge. The fact that the family had been already sharing love and strong bond between them for quite some time was my main creational concept. A candle was the key object of the invitation, considering its flame as the flame of love. The invitation box also contained an instruction manual for putting the pieces together properly, as well as a red heart-shaped sticker for the guests wishes. The favor was a paper-cut baby cube with the first four letters of the Greek alphabet, which also happen to be the name initials of the family members and the gift was a red heart with the family figures, made of plexiglass. Special paper horns were printed for the wedding ceremony and paper hearts were mixed into their rice filling. The project was developed as an interactive game.

Giorgos y Vassia iban a casarse y a bautizar a sus dos hijos, Angelos y Despina, a la vez. Diseñar una invitación común a las tres ceremonias fue un reto creativo enorme. El hecho de que la familia ya hubiera compartido su amor y estrechado un fuerte vínculo entre ellos durante bastante tiempo fue mi principal concepto creativo. Una vela fue el objeto esencial de la invitación, ya que su llama representaba la llama del amor. La caja de la invitación también contenía un manual de instrucciones para unir las piezas correctamente, así como una pegatina con forma de corazón para anotar los deseos de los invitados. La sorpresa fue un cubo de bebé hecho de papel con las primeras cuatro letras del alfabeto griego, que se correspondían con las iniciales de los nombres de los miembros de la familia. El obsequio fue un corazón rojo hecho de plexiglás con las figuras de los protagonistas. Se crearon trompetas de papel especiales para la ceremonia de boda y se mezclaron corazones de papel con el arroz. El proyecto se desarrolló como un juego interactivo.

81

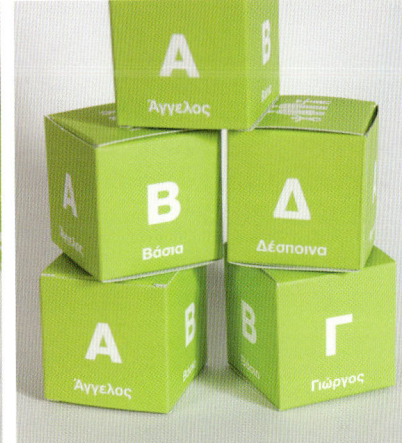

LAURA & ANDRÉS WEDDING
FLOR TASSO, Buenos Aires, Argentina DESIGN_Flor Tasso _ www.behance.net/flortasso

The principal behind this card was based on the fact that the wedding ceremony was to take place in the open air, at a hacienda, well away from the city centre. The idea came to mind of the newlyweds embarking upon an adventure at the moment of wedlock, an adventure also for the guests who had to make their way to the location and participate in the activities planned for the duration of the celebration. Vintage posters made with types of wood and presses were taken and adapted to create an envelope for the card in the form of a map with vintage cartography.

La idea principal para esta tarjeta partió del hecho de que la boda se celebraba en una estancia, al aire libre y en una localidad alejada del centro de la ciudad. Por ello se pensó en la idea de una aventura que los novios emprendían en el momento de casarse, pero también una aventura para los invitados, que debían llegar hasta el lugar y participar de las actividades que se llevarían a cabo durante la celebración. Se reinterpretan los antiguos posters realizados con prensas y tipos de madera y se confecciona un mapa que funcionará como envoltorio para la tarjeta con un lenguaje cartográfico antiguo.

Atención!
GUÍA DE

Atención!
GUÍA DE
SUPERVIVENCIA
Incluye:
Tips!
SPORT
CALZADO CÓMODO
KIT DE CARNAVAL
ESTACIONAMIENTO
Hay que traer:
TOALLA Y OJOTAS
PROTECCIÓN SOLAR
ACCESORIOS

LOS INVITAN
ACOMPAÑARLOS EN
Agendalo!
LUNES 07
03 MARZO
DOSMIL '11
PARQUE
LELOIR
LA FIESTA!
ASADO!
MÚSICA!
PILETA!

Ellos son los protagonistas
NOVIOS
Laura Mónica
&
Andrés Nelson
TASSO
MARTÍN

Agendalo!
07
03
MARZO
'11
OSMIL

LOS INVITAN
ACOMPAÑARLOS EN
AVENTURA
RECORRIERON
JUNTOS
un largo camino
COMPARTIENDO
MOMENTOS E HISTORIAS
INOLVIDABLES
CELEBRAR
JUNTO A USTEDES
EL INICIO
Una nueva etapa

FOUR WISHES FOR A WEDDING

SOPHIA GEORGOPOULOU, Athens, Greece DESIGNER_Sophia Georgopoulou _ www.sophiag.com

Everything started when Andreas and Sophia decided to get married on the name day of the bride, on 17th September (the day when Sophia/Wisdom, Pisti/Faith, Agape/Love and Elpida/Hope are celebrated). The four names celebrated on this day could very well be wishes for the couple, for a happy marriage. Thus, a rectangular invitation was created in four versions. On the one side (the common one) there is the text with the necessary instructions for the ceremony, while on the back side 4 different illustrations were created, dedicated to each of the 'wishes' with accompanying texts that explain the meaning of each one of them.
WISDOM: the power to make the right choices. FAITH: the power to always move forward with courage. LOVE: the power that keeps us together at any given moment. HOPE: the power to look at the future full of smiles. As a result, each of the guests would receive a different invitation. The style and the hand-made illustrations of the invitation are based on well-known symbolism (e.g. Wisdom as a main symbol has the eye, Faith the star, Love the heart and Hope a flying bird).

Todo empezó cuando Andreas y Sophia decidieron casarse el día del santo de la novia: el 17 de septiembre, día que se celebra Sophia/Sabiduría, Pisti/Fe, Agape/Amor y Elpida/Esperanza. Los cuatro nombres que se celebran ese día bien podrían desear un feliz matrimonio a la pareja. Por eso se creó una invitación rectangular en cuatro versiones. En un lado, el común a todas ellas, está el texto con la información necesaria para la ceremonia, mientras que en el revés, aparecen cuatro ilustraciones diferentes dedicadas a cada uno de los «deseos» y acompañadas de un texto que explica el significado de cada uno de ellos.
SABIDURÍA: el poder de tomar las decisiones correctas. FE: el poder de seguir siempre adelante con valor. AMOR: el poder que nos mantiene unidos en cualquier momento. ESPERANZA: el poder de mirar al futuro con una sonrisa. Por consiguiente, cada invitado recibió una invitación diferente. El estilo y las ilustraciones hechas a mano se basan en sus famosos símbolos, es decir, el principal icono de la sabiduría es el ojo, el de la fe es la estrella, el del amor es el corazón y el de la esperanza es un pájaro volando.

17.09.11
...
η δύναμη
να κάνουμε
τις σωστές επιλογές!

17.09.11
...
η δύναμη
να κάνουμε
τις σωστές επιλογές!
17.09.11
...
η δύναμη
να προχωράμε πάντα
μπροστά με θάρρος!
17.09.11
...
η δύναμη
που μας κρατά
ενωμένους κάθε στιγμή!
17.09.11
...
η δύναμη
να βλέπουμε το μέλλον
γεμάτο χαμόγελα!

IDEEËN AW09 INVITATION

STUDIO NEWWORK, New York City, NY, USA DESIGNERS_Ryotatsu Tanaka, Ryo Kumazaki, Hitomi Ishigaki _ www.studionewwork.com _ www.newworkmag.com

The theme of IDEEËN Autumn / Winter 2009 collection was "Deep sea". STUDIO NEWWORK was assigned to create the presentation invitation that implies the theme. The timetable and other information are placed as if they are floating. Inspired by deep-sea fish skin, STUDIO NEWWORK chose to print on silver metallic paper.

El tema de la colección otoño-invierno 2009 de Ideeën era «Deep sea» (Mar profundo). Se asignó a Studio Newwork la tarea de crear la invitación de la presentación para que reflejara el tema. El programa y otra información se colocaron como si estuvieran flotando. Inspirándose en las escamas de un pez de las profundidades, Studio Newwork decidió estamparlo en un papel metálico plateado.

ROBERT GELLER AW08 SHOW INVITATION

STUDIO NEWWORK, New York City, NY, USA DESIGNERS_Ryotatsu Tanaka, Ryo Kumazaki, Hitomi Ishigaki _ www.studionewwork.com _ www.newworkmag.com

Autumn / Winter 2008 show invitation for ROBERT GELLER was screen printed on handkerchief. We combine the elegance of contrast on soft white fabric with bold typographic design.

La invitación para el desfile otoño-invierno 2008 de Robert Geller se imprimió en serigrafía sobre un pañuelo. Se combinó la elegancia del contraste sobre una suave tela blanca con un diseño tipográfico llamativo.

ROBERT GELLER AW10 SHOW INVITATION

STUDIO NEWWORK, New York City, NY, USA DESIGNERS Ryotatsu Tanaka, Ryo Kumazaki, Hitomi Ishigaki _ www.studionewwork.com _ www.newworkmag.com

Robert Geller is an award-winning NY-based men's fashion brand. Studio Newwork was assigned to create Autumn / Winter 2010 show invitation. The blessing year, 2010, is emphasized by transforming iconic Robert Geller's logo mark into number 10. The same design is printed in both sides inverted. The invitation can be hang on the wall whichever sides you like.

Robert Geller es una premiada marca de moda para hombres con sede en Nueva York. Studio Newwork se encargó de crear la invitación para el desfile otoño-invierno 2010. Se hizo hincapié en la llegada del año 2010, transformando el icónico logotipo de Robert Geller en un número 10. El mismo diseño se imprimió en ambos lados y de manera invertida, por lo que la invitación puede colgarse en la pared del lado que se desee.

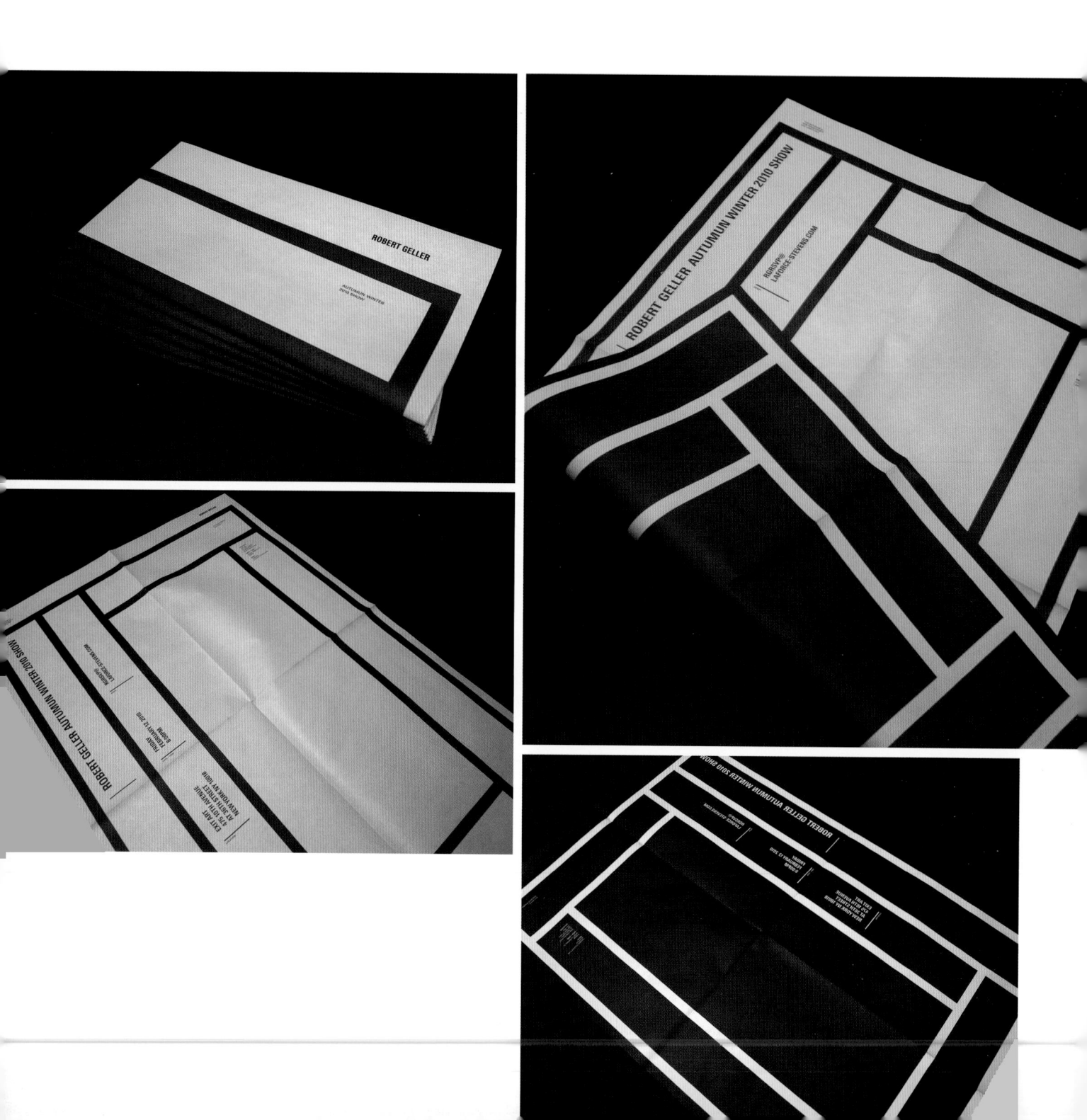

ROBERT GELLER AW11 SHOW INVITATION

STUDIO NEWWORK, New York City, NY, USA DESIGNERS_Ryotatsu Tanaka, Ryo Kumazaki, Hitomi Ishigaki _ www.studionewwork.com _ www.newworkmag.com

Studio Newwork was assigned to create Autumn / Winter 2011 show invitation. Bauhaus inspired collection is represented by geometric elements, fine lines and integrated logo mark.

Studio Newwork se encargó de crear la invitación para el desfile otoño-invierno 2011. La colección inspirada en la Bauhaus está representada por elementos geométricos, líneas finas y la integración de la marca del logotipo.

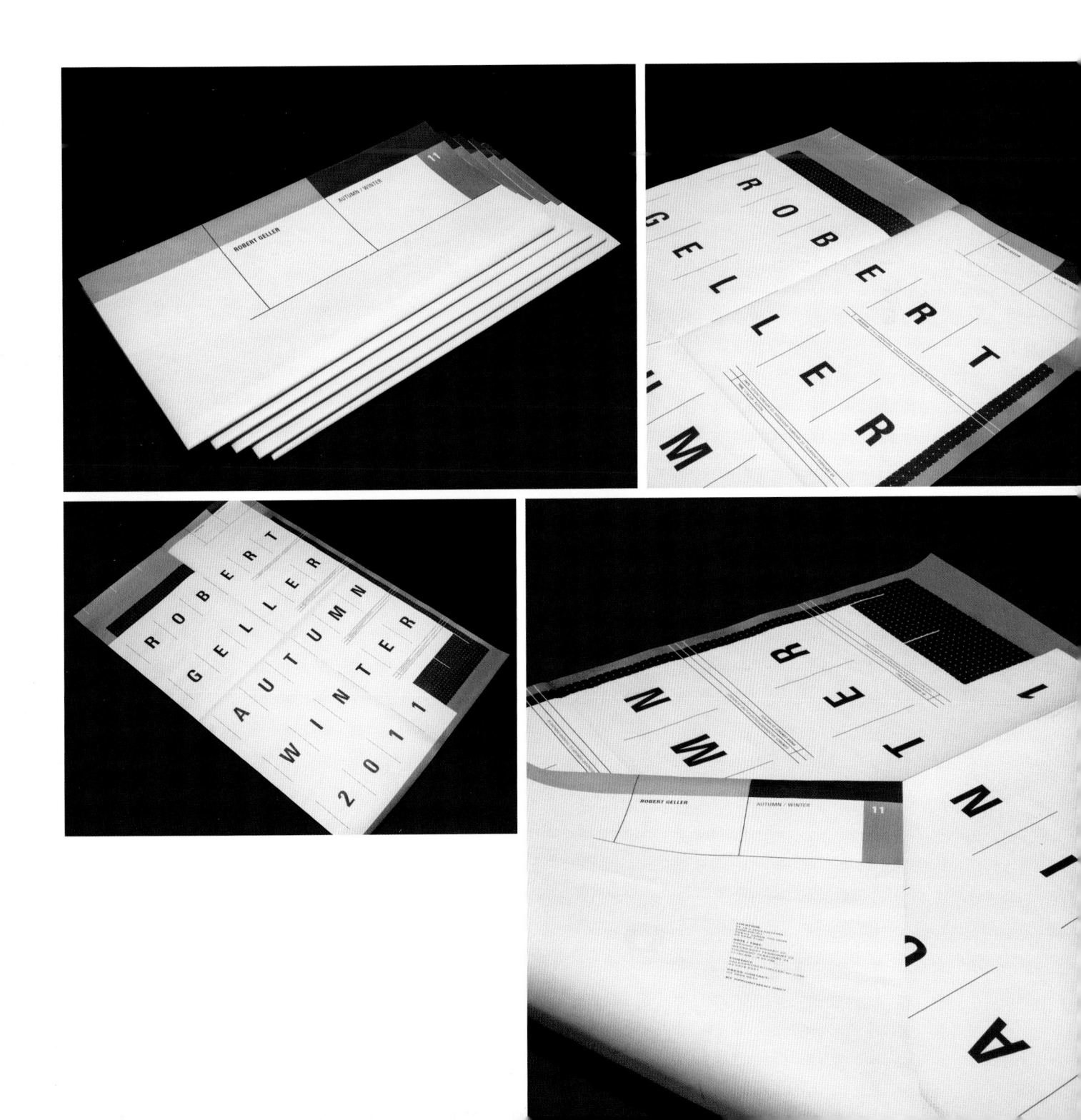

FELICITA COUTURE. WEDDING CHOCOLATE BOX WITH INVITATIONS
NATOOF DESIGN, Dubai, United Arab Emirates DESIGN_Mariam Bin Natoof _ www.natoof.com

To indulge the invitees, the bride wanted to give her wedding invitations with a box of chocolate. The box was designed in an elegant way with a cover & a pull out drawer. At the back of the cover, a space was left for the names of the invitees. A custom wax seal (it carried the Arabic monogram for the bride's & groom's name) was attached to the wrapped ribbon around the cover; this is to add a sense of the Victorian era which was the theme of wedding. The invitation card was created to be used in two ways, either to be inserted as a single card on the top of the chocolate or give it separately in an envelope. The invitation was bilingual, Arabic and English.

Para complacer a los invitados, la novia quería dar sus invitaciones de boda con una caja de chocolates. La caja se diseñó de una manera elegante, con una cubierta y un cajón para estirar. En el revés de la cubierta, se dejó un espacio para el nombre de los invitados. Se colocó un sello de cera personalizado, que llevaba las iniciales en árabe de los nombres de los novios, en el lazo que envolvía la cubierta y se hizo para añadir un significado de época victoriana, ya que era el tema de la boda. La tarjeta de la invitación se diseñó para ser utilizada de dos maneras: tanto para colocarla como tarjeta individual encima de los chocolates, como para darla por separado en un sobre. La invitación era bilingüe, escrita en árabe y en inglés.

WEDDING
NEON NICHE, London, UK DESIGN_ILLUSTRATOR_Lubna Keawpanna _ www.neonniche.com

This invite was created for a Thai groom and Pakistani bride, for one of their 4 multicultural wedding events. The registry was a less formal event mostly with friends so we took an informal illustrative approach, with casual copy on the invite. The Invite was placed in a bright pink envelope. The small stickers were used on bubble bottles, there was no confetti at the wedding, just bubbles. The Illustration was repeated again at dinner reception where the stickers were used on Thank you cupcakes given to all the guests. The illustrations were used on table cards too.

Esta invitación se creó para un novio tailandés y una novia pakistaní, destinada a una de sus cuatro bodas multiculturales. El registro del evento era menos formal, ya que se celebraba mayormente con amigos, así que se tomó un enfoque ilustrativo más familiar creando una copia informal de la invitación, que iría en un sobre rosa brillante. Se usaron pegatinas pequeñas para las botellas de burbujas, ya que en la boda no había confeti, sólo burbujas. La ilustración se repitió de nuevo en la cena, donde las pegatinas se utilizaron en los pastelitos de agradecimiento que se dieron a todos los invitados. Las ilustraciones también se usaron en las tarjetas de mesa.

ORANGE BOAT

AERAKI, Athens, Greece DESIGN_Despina Aeraki ILLUSTRATION_Giota Gavogianni TEXT_Giota Gavogianni _ www.aeraki.gr

She had this idea: an invitation-booklet that would be offered to the guests in a gift box. Giota wrote and illustrated a fairytale and Despina painted it. In the fairytale, starring little Peter, he sails away into an orange boat; this gave the inspiration for the favor, which she shaped as a 3d, paper boat.

Ella tuvo la siguiente idea: una invitación en un folleto que se daría a los invitados en una caja de regalo. Giota escribió e ilustró el cuento de hadas y Despina lo pintó. El protagonista del cuento, el pequeño Peter, navega a la deriva en un barco naranja. Esto fue en lo que se inspiró para dar al regalo forma de barco de papel tridimensional.

93

BY INVITE ONLY™ 2ND ANNIVERSARY EXHIBITION INVITATION
BRAVO COMPANY, Singapore DESIGN_Edwin Tan PHOTOGRAPHER_Lenne Chai _ www.bravo-company.info

By Invite Only™ is a handcrafted jewellery brand with a rustic art direction. For their 2nd anniversary, crystals were used heavily throughout the collection. We were commissioned to design the VIP invitation pack for the exhibition. Red and gold foil stamping were used to mimic the appearance of the jewellery. Design wise was kept to the minimum as not to take attention away from the pieces.

By Invite Only™ es una marca de joyas artesanales con una dirección artística rústica. Para su segundo aniversario, se utilizaron muchísimos cristales para toda la colección. Nos encargaron diseñar el paquete de invitaciones VIP para la exposición, en el que se utilizó un estampado de lámina en rojo y en dorado para imitar el aspecto de las joyas. No se resaltó mucho el diseño para no desviar la atención de las piezas.

THE
HIGHER
BEING
YOUR PRESENCE IS REQUESTED
RSVP
BY INVITE ONLY

HIGH
BEIN
6TH OCTOBER 2011
THURSDAY, 6PM - 7PM
A CURIOUS TEEPEE
2 Orchard Link #02-24 Singapore 237978
YOUR PRESENCE IS REQUESTED
RSVP
Email to info@byinviteonly.info
or call +65 9488 8907
BY INVITE ONLY
EST. 2009

THE
HIGHER
BEING
On its 2nd anniversary, By Invite Only™ will
'The Higher Being', an exhibition showcasing a
exclusive premium collection. With the tagline
by humans, created by the Higher Being', this
wishes to dedicate mother nature for being part
and part inspiration behind this collection.

RONALDO+JOLA WEDDING
FTOFANI.COM, São Paulo, Brazil DESIGN_Felipe Tofani _ www.work.ftofani.com

Ronaldo and Jola decided to get married and i was invited to design their wedding invitation. My concept was to develop something like a silk screen poster with a sentence they sent me. I used every possible variation of Gill Sans and that is what i came up with. I hope they live happily ever after, like in the movies.

Ronaldo y Jola decidieron casarse y me ofrecieron diseñar su invitación de boda. Mi idea fue desarrollar algo como un póster impreso en serigrafía con una frase que ellos me mandaron. Utilicé cada variación posible del tipo de letra «Gill Sans» y este fue el resultado. Espero que vivan felices y que coman perdices, como en las películas.

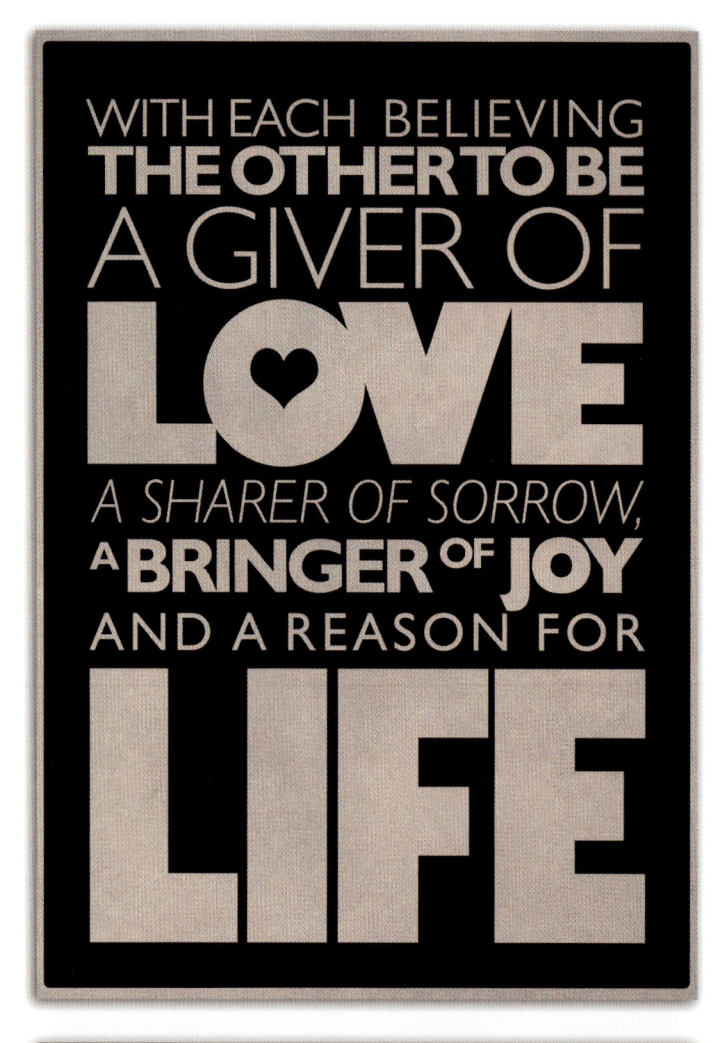

THE MUSIK AWARDS
NEON NICHE, London, UK DESIGN_Lubna Keawpanna _ www.neonniche.com

We were asked to create a unique invite for a black and white themed music awards night. The Musik Awards invite is a concertina fold invite enclosed in a bespoke velvet envelope. Upon opening the invite a pop up chair is revealed to the recipient, showing them the seat reserved for them for the award night. Innovative design paired with a deep understanding of the clients needs resulted in a product well received by the client and the invitees.

Nos encargaron crear una invitación única para una noche de premios musicales con una temática en blanco y negro. La invitación para los premios Musik Awards es una invitación doblada como un acordeón y remitida en un sobre de terciopelo personalizado. Al abrirla, al destinatario le aparece una silla, mostrándole su asiento reservado para la gala. Un diseño innovador unido al entendimiento de las necesidades de los clientes tuvo como resultado un producto bien recibido por el cliente y los invitados.

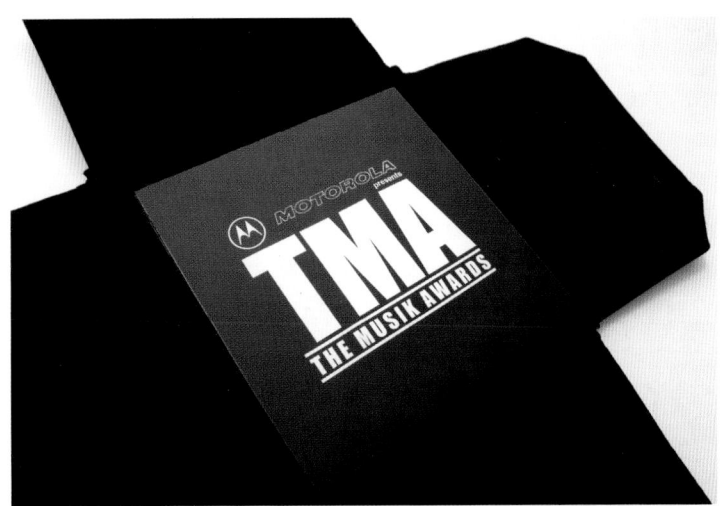

FILIPPOS

AERAKI, Athens, Greece DESIGN_Despina Aeraki PHOTOGRAPHER_Sotiria Psarou _ www.aeraki.gr

Filippos is a really pretty baby and his photo would certainly make a beautiful invitation. After a long photo shooting, I chose the best picture along with his parents and then I had it printed on a thick carton. The carton was cut into pieces, in order to create a puzzle. The invitation was enclosed in to a specially designed envelope.

Filippos es un bebé precioso y, sin duda alguna, su foto creará una invitación muy bonita. Tras una larga sesión de fotos, escogí la mejor fotografía junto con sus padres y, después, la imprimí en un cartón grueso que se cortó en varias piezas para crear un puzle. La invitación se remitió en un sobre especialmente diseñado.

Κυριακή 7 Σεπτεμβρίου, ώρα 12:00

Άγιος Νικόλαος Λαγονησίου (5ο χλμ. Λεωφόρου Σουνίου)

ο μπαμπάς Ηλίας και η μαμά Σοφία

ο νονός Πάτρικ και η νονά Αντζέλα

φίλιππος

φίλιππος

JUCO

USAGININGEN, Berlin, Germany DESIGN / ART DIRECTOR_Emi Hirai _ www.usaginingen.com

JUCO is a shoes creator in Tokyo Japan. All invitations are her own exhibition which is Spring/Summer or Autumn/Winter her new shoes collections. Period and place are written on it on the back.

Juco es un fabricante de zapatos ubicado en Tokio, Japón. Todas las invitaciones reflejan su propia exposición, que son sus nuevas colecciones de zapatos primavera-verano u otoño-invierno. La hora y el lugar aparecen escritos en el reverso.

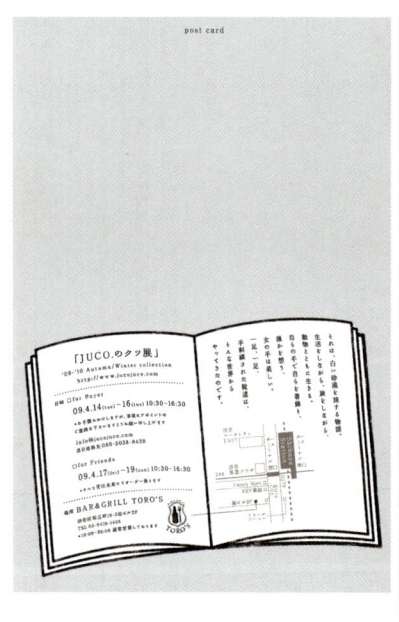

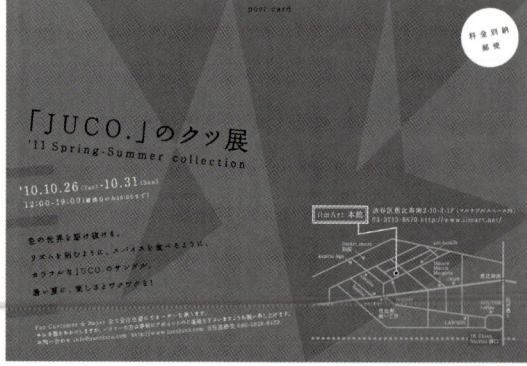

JUCO.
'10 Spring-Summer collection

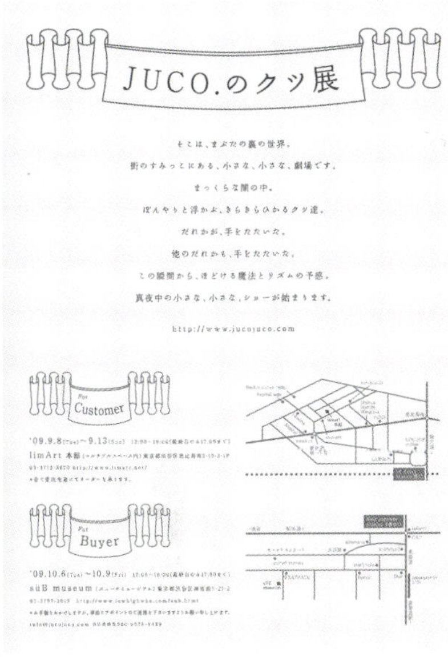
JUCO.のクツ展
そこは、まぶたの裏の世界。
街のすみっこにある、小さな、小さな、劇場です。
まっくらな闇の中。
ぼんやりと浮かぶ、きらきらひかるクツ達。
だれかが、手をたたいた。
他のだれかも、手をたたいた。
この瞬間から、ほどける魔法とリズムの予感。
真夜中の小さな、小さな、ショーが始まります。
http://www.jucojuco.com
For Customer
'09.9.8(Tue)~9.13(Sun)
limArt 本館
For Buyer
'09.10.6(Tue)~10.9(Fri)
süB museum

JUCO.

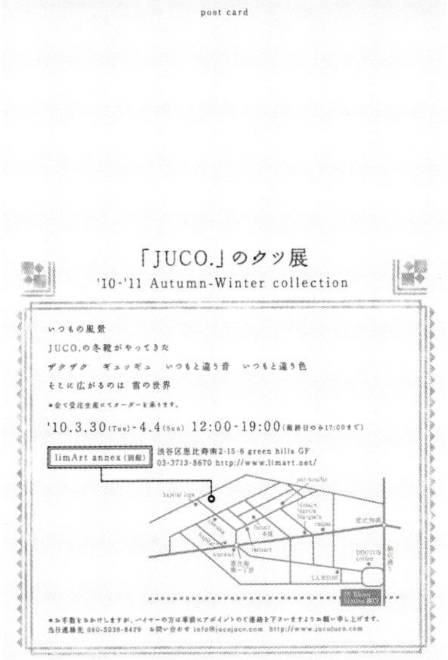
post card
「JUCO.」のクツ展
'10-'11 Autumn-Winter collection
いつもの風景
JUCO.の冬靴がやってきた
ザクザク　ギュッギュ　いつもと違う音　いつもと違う色
そこに広がるのは 雪の世界
*全て受注生産にてオーダーを承ります。
'10.3.30(Tue)-4.4(Sun) 12:00-19:00(最終日のみ17:00まで)
limArt annex(別館)
渋谷区恵比寿南2-15-6 green hills GF
03-3713-8670 http://www.limart.net/
*お手数をおかけしますが、バイヤーの方は事前にアポイントのご連絡を下さいますようお願い申し上げます。
当日連絡先 080-5038-8429　お問い合わせ info@jucojuco.com　http://www.jucojuco.com

JUCO.

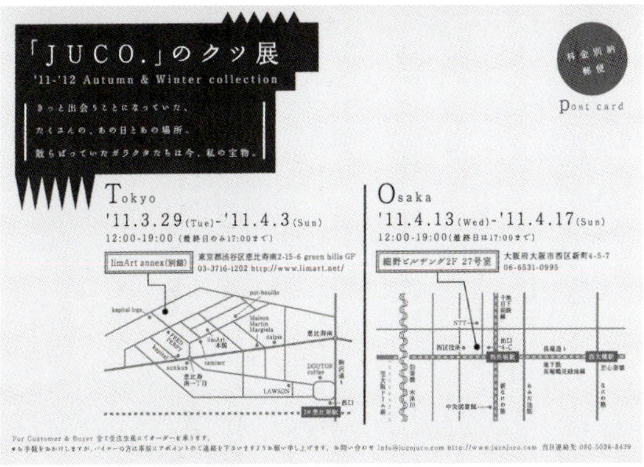
「JUCO.」のクツ展
'11-'12 Autumn & Winter collection
きっと出会うことになっていた、
たくさんの、あの日とあの場所。
散らばっていたガラクタたちは今、私の宝物。
料金別納郵便
post card
Tokyo
'11.3.29(Tue)-'11.4.3(Sun)
12:00-19:00(最終日のみ17:00まで)
limArt annex(別館)
東京都渋谷区恵比寿南2-15-6 green hills GF
03-3716-1202 http://www.limart.net/
Osaka
'11.4.13(Wed)-'11.4.17(Sun)
12:00-19:00(最終日は17:00まで)
細野ビルヂング2F 27号室
大阪府大阪市西区新町4-5-7
06-6531-0995
For Customer & Buyer 全て受注生産にてオーダーを承ります。

EL VIAJE MÁS EMOCIONANTE

IDAFE HERNÁNDEZ PLATA, Santa Cruz de Tenerife. España. DESIGN_Idafe Hernández Plata _ www.idafeh.blogspot.com _ www.behance.net/idafe

For Rodrigo and Gloria's wedding, a concept and visual identity were developed along the same lines as a product or brand name. The idea occurred of a small story to narrate the power of love. Symbols of the moon and the trip, important to both bride and groom, were used to create a visual story for the celebration. The honeymoon is the trip of a lifetime, the moon symbolizing the ideals and aspirations of this marriage. For the person who loves a journey's end and returns more ecstatic than ever, the design produced concept and name, invitations, waiters, menus, bottle labelling and packaging and Web space

Para la boda de Rodrigo y Gloria se desarrolló un concepto y una identidad visual de la misma manera que si se tratara de una marca o un producto. La idea surgió como una pequeña historia que habla del poder del amor. Los símbolos de la luna y del viaje, que eran importantes para ambos novios, se unieron creando un relato visual para la celebración. El viaje es el viaje de la vida y la luna representa los ideales y las metas de esta unión. Estando con la persona que amas el camino se completa y se vuelve más emocionante. Se desarrolló concepto y marca, invitaciones, mesero, menús, etiquetado y packaging de botellas y espacio web.

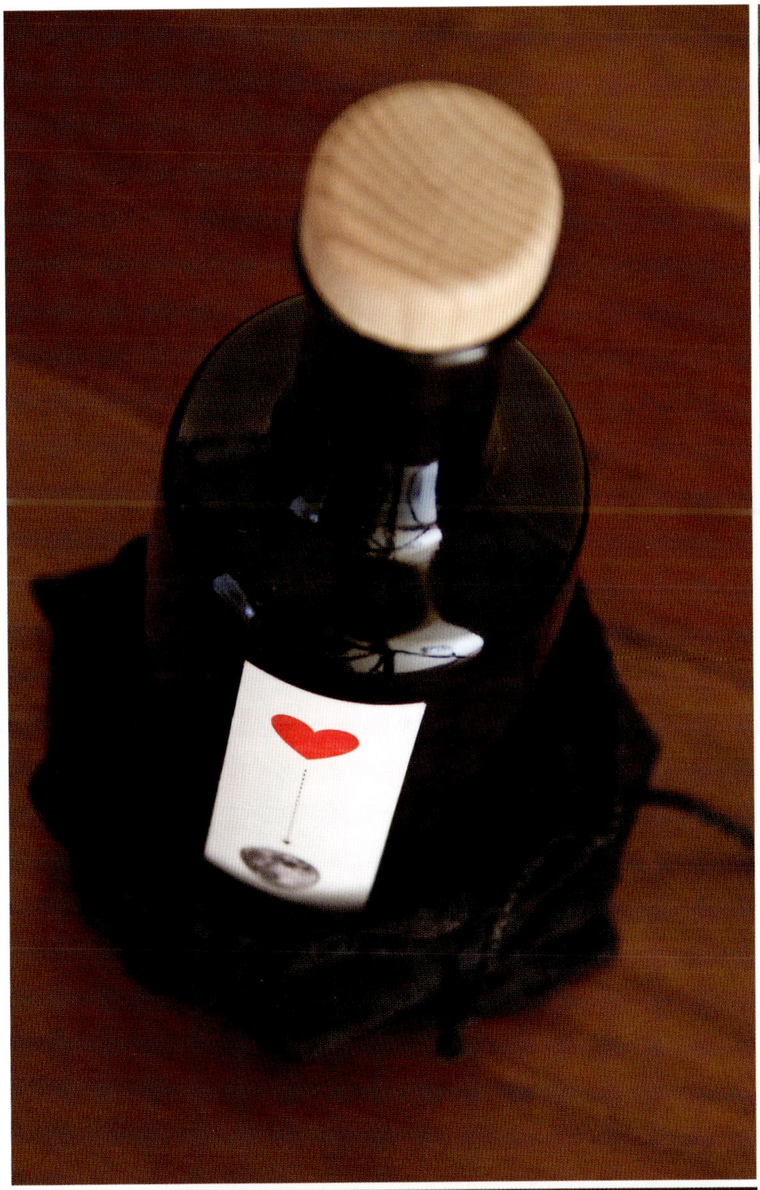

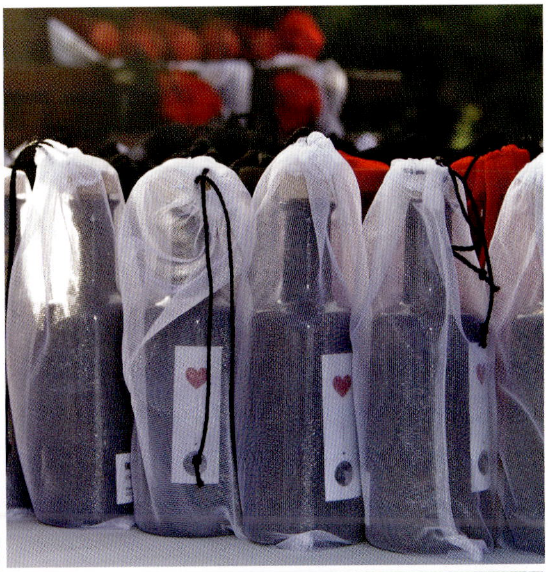

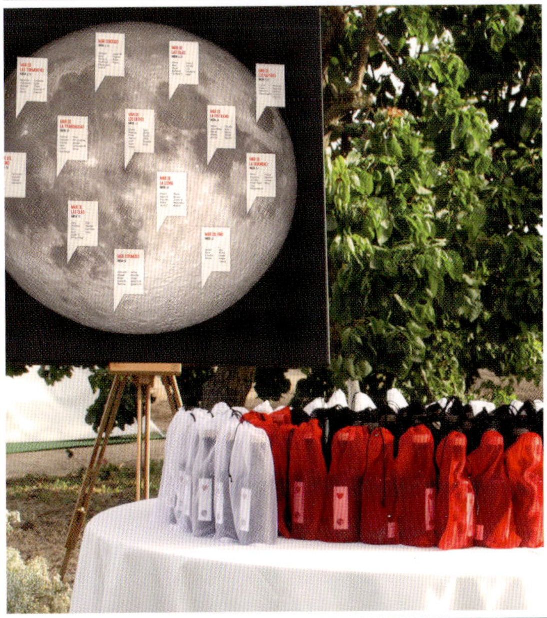

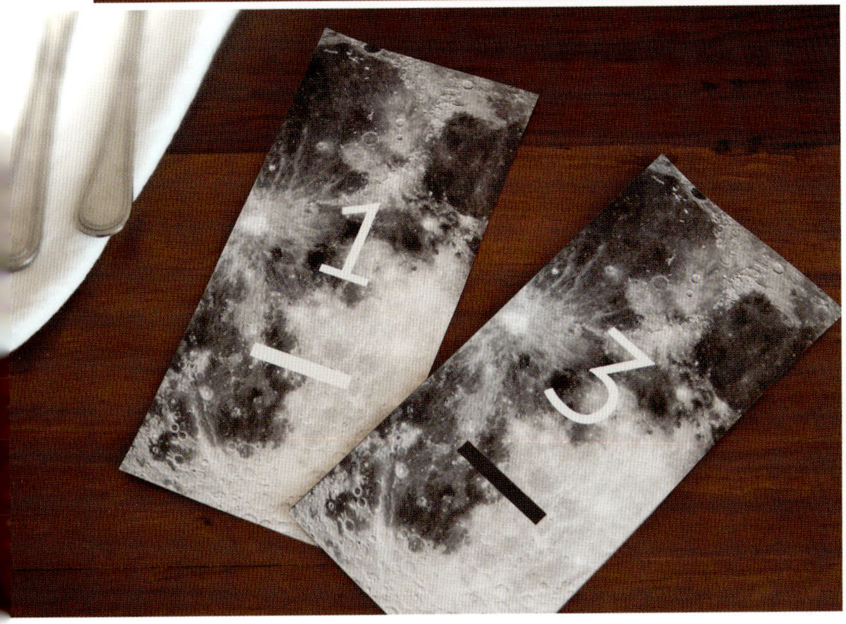

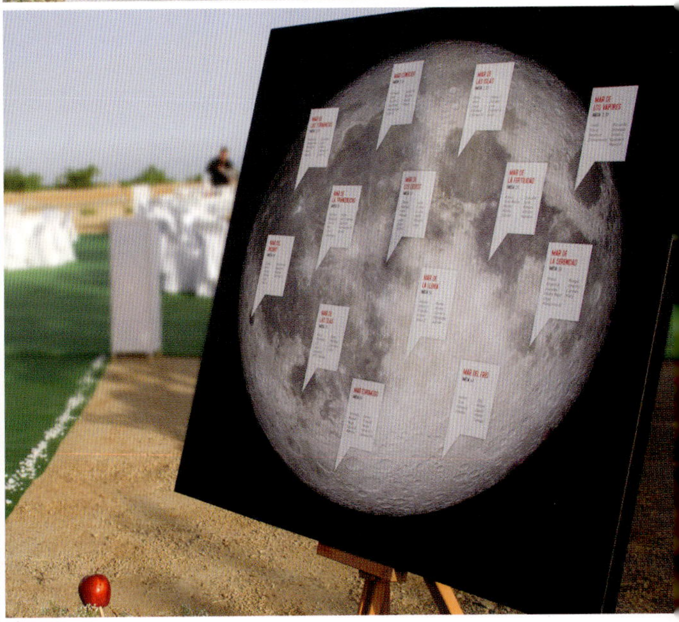

WEDDING JORGE AND KATYA

NEIL CUTLER DESIGN, Barcelona, Spain DESIGN_Neil Cutler ILLUSTRATOR_Neil Cutler _ www.neilcutler.com

Invitation to the wedding of Jorge Almeida y Katya Bauval. The solution came from the fact that the Initials JK and AB coincide in the alphabet.

Invitación de boda para Jorge Almeida y Katya Bauval. La solución utilizada en el diseño vino de que las iniciales JK y AB son correlativas en el alfabeto.

LOVE LETTERS

JORGE & KATYA

JK

ALMEIDA & BAUVAL

AB

ALWAYS TOGETHER

ABCDEFG
HIJKLMN
OPQRST
UVWXYZ

ON SATURDAY THE 28TH
OF SEPTEMBER AT 7.30PM
WE WILL BE CELEBRATING
OUR MARRIAGE AT THE
HACIENDA MORENO IN
ALHAURIN EL GRANDE
CLOSE TO MALAGA, SPAIN

LYDIA DELGADO

STUDIO SONSOLES LLORENS, Barcelona, Spain DESIGN_Sonsoles Llorens _ www.sonsoles.com

Invitation to a fashion show. A liberally contrasted collage gives us a chic, bright and contemporary look.

Invitación para el desfile. Un collage voluntariamente contrastado nos da un lenguaje moderno, fresco y contemporáneo.

PAPER RECORD PLAYER
STUDIO KELLI ANDERSON, New York, USA DESIGN_Kelli Anderson _ www.kellianderson.com

A booklet-style wedding invitation created for my two audiophile friends, which transforms into a real, live paper record player! A sewing needle is attached to the back page of the invitation—which becomes a tone arm when folded in half laterally. When spun by hand at 45 RPM, the player blasts a chirpy song that the lovebirds wrote together inviting guests to their wedding (albeit in the weird, warbled whine characteristic of early phonographs). The "tent" created with the bent paper amplifies the sound.

Creé una invitación de boda con forma de folleto para mis dos amigos amantes de la música, que se transforma en un verdadero reproductor de música de papel. Una aguja de coser, que se convierte en un brazo de tocadiscos cuando se dobla por la mitad lateralmente, está sujeta en la parte trasera de la invitación. Al girarlo manualmente a 45 rpm, el reproductor lanza una alegre canción que los tortolitos escribieron juntos para invitar a los asistentes a su boda (aunque con el extraño y ondulante zumbido característico de los antiguos tocadiscos). La «carpa» que se forma al curvar el papel amplifica el sonido.

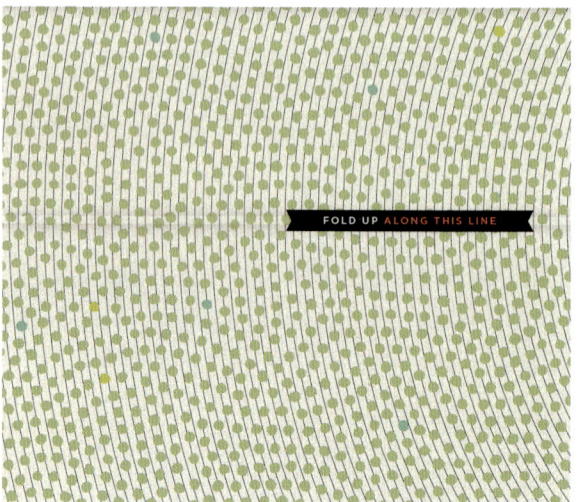

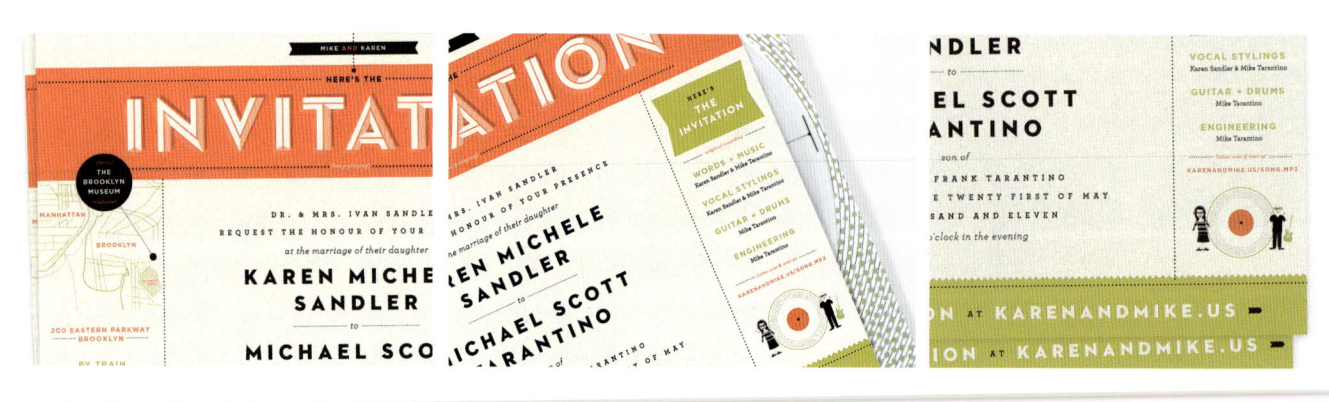

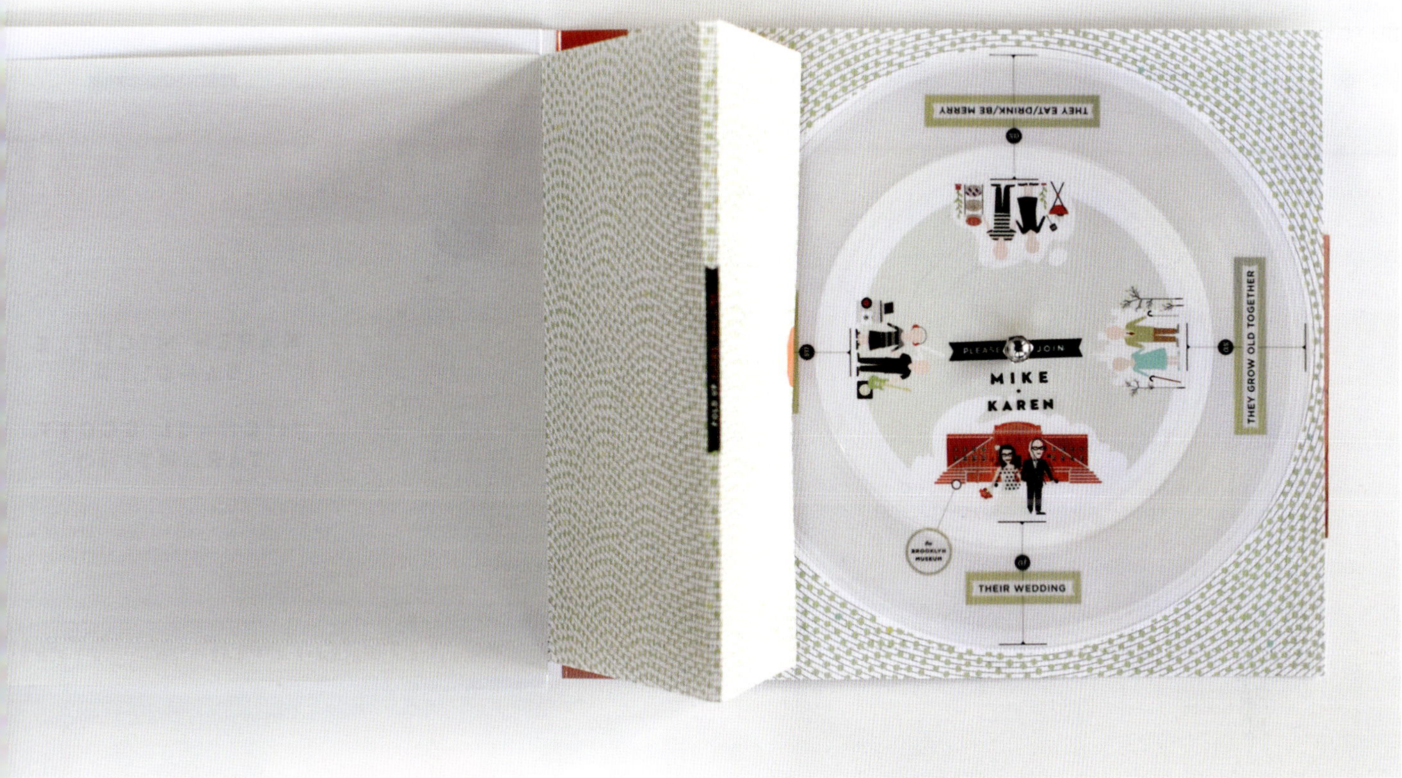
THEY EAT/DRINK/BE MERRY
PLEASE JOIN
MIKE
KAREN
THEY GROW OLD TOGETHER
THEIR WEDDING

JOIN
MIKE
KAREN
as
THEY PLAY MUSIC

PLEASE JOIN
MIKE
KAREN
as
THEIR WEDDING

PLEASE JOIN
MIKE
KAREN
as
THEY GROW OLD TOGETHER

DIANA & GABRIEL

STUDIO DORIAN, Barcelona, Spain DESIGN_**Gaëlle Alemany & Gabriel Morales** _ www.estudiodorian.com

Wedding invitation that focuses on the most significant element of the union: the alliance. Built through a universe inspired by the ornamental iconography of the 19th century, the illustrations of this alliance represent the most characteristic aspects of the couple.

Invitación de boda que se centra en el elemento más importante de la unión: la alianza. Creadas a partir de un universo inspirado en la iconografía decorativa del siglo XIX, las ilustraciones de esta alianza representan los aspectos más característicos de la pareja.

SIMONE & RAMÓN

NEIL CUTLER DESIGN, Barcelona, Spain DESIGN_Neil Cutler ILLUSTRATOR_Neil Cutler _ www.neilcutler.com

Wedding invitation. Simone says yes (Sí) to Ramón.

Invitación de boda. Simone dice Sí a Ramón.

SLICE exhibition

SVIDESIGN LTD, London, United Kingdom DESIGN_Sasha Vidakovic ILLUSTRATOR_Sasha Vidakovic _ www.svidesign.com

Forward and backward slash symbols were used to represent the concept of slicing through a designer's career. Invitation was designed in two languages – Serbian and English and printed on transparent paper where both sides are visible.

Se utilizaron los símbolos de la barra y la barra invertida para representar la idea de partir la profesión de un diseñador. La invitación se diseñó en dos idiomas, serbio e inglés, y se imprimió en un papel transparente en el que ambas caras son visibles.

POZIVNICA

SVIDESIGN LTD, London, United Kingdom DESIGN_Sasha Vidakovic, Ian Mizon ILLUSTRATOR_Sasha Vidakovic _ www.svidesign.com

The idea for an invitation design came from product packaging. We used same shape which when folded creates box used for packaging products. Product name was replaced with word POZIVNICA (meaning Invitation in Serbian) and all other info regarding the time, place etc were applied in a same manner as product details on the real packaging.

La idea para el diseño de la invitación surgió del envase de un producto. Se utilizó su misma forma que, al doblarse, crea una caja para empaquetar productos. El nombre del producto se cambió por la palabra pozivnica, que significa invitación en serbio, y el resto de la información relacionada con la hora, el lugar, etc. se presentó de igual forma que los detalles del producto del envase real.

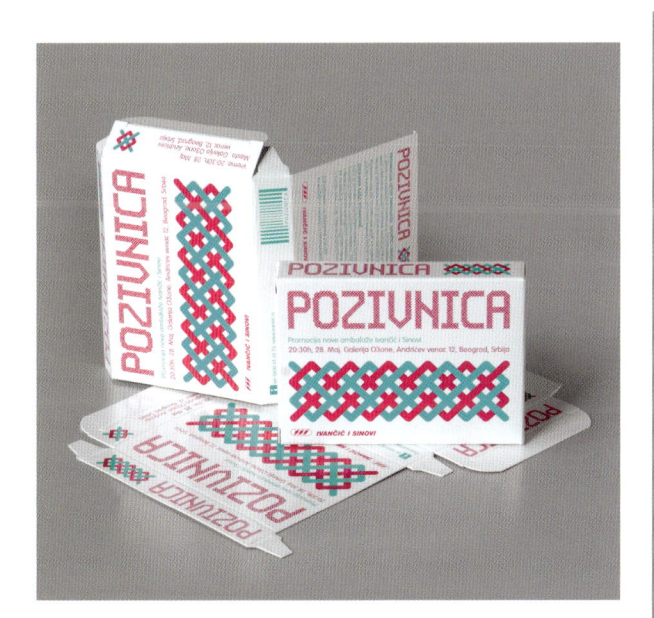

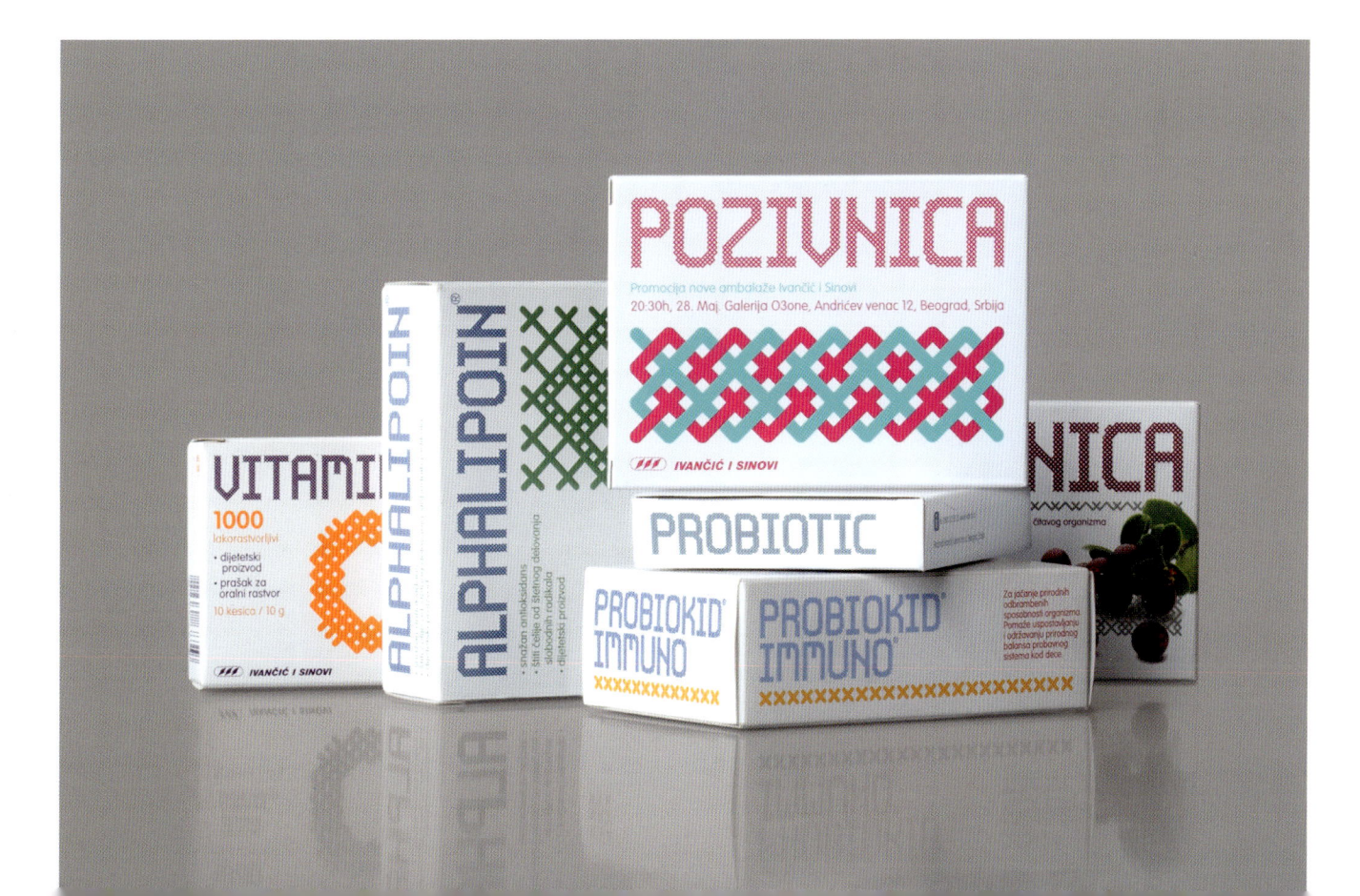

THE WESTIN LA QUINTA

NEIL CUTLER DESIGN, Barcelona, Spain DESIGN_Neil Cutler ILLUSTRATOR_Neil Cutler _ www.neilcutler.com

Invitation to the grand opening of the golf hotel The Westin La Quinta in Marbella. Play on words using the dates of the major golf events of the year (The British Open, The US Open etc).

Invitación a la gran fiesta de inauguración del hotel de golf The Westin La Quinta en Marbella. Juego de palabras utilizando las fechas de los eventos de golf más importante del año (The British Open, The US Open., etc).

The Spanish
OPEN
28th April-1st May 2000

The European
OPEN
Hamburg 18th-21st May 2000

The US
OPEN
15th-18th June 2000

The British
OPEN
20th-23rd July 2000

The Italian
OPEN
26th-29th October 2000

The Westin La Quinta Golf Resort, Marbella
OPENING
3rd November 2000

QUINTO ANIVERSARIO
GESTOCOMUNICACION, Huelva, Spain DESIGNER_David Robles _ www.gestocomunicacion.com

To celebrate the company's fifth anniversary Gestocomunicación all clients and suppliers were called to the event by an invitation within a small cardboard pack decorated with a dice and shaker, the dice with 5 on all sides, two decks of Spanish cards, one with the "cinco de copas" (five of goblets) representing a celebration and another with the written invitation. All set in red corporate shavings.

Para celebrar su quinto aniversario, la empresa Gestocomunicación convocó a todos sus clientes y proveedores a través de una invitación contenida en una pequeña caja de cartón sellada con una serie de elementos: un cubilete, acompañado de un dado con un 5 estampado en todos sus lados; y dos cartas de la baraja española, una con el cinco de copas (celebración) y otra con el texto de invitación. Todo ello apoyado sobre unas virutas de rojo corporativo.

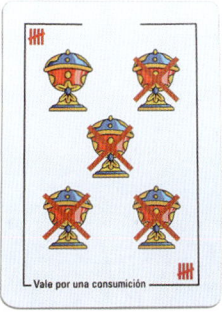

CENTURY TORRES

THISISLOVE STUDIO, Lisboa, Portugal DESIGN_Joana Areal & Inês Veiga PHOTOGRAPHER_Thisislove Studio & Adriana Pacheco _ www.thisislove.pt

Branding and official invitations for Torres Joalheiros 100th anniversary party and exhibition of fine watch and jewelry at Landmark Barclays Premiere - Sotto Mayor Palace in Lisbon.

Marca e invitaciones oficiales para la fiesta del 100 aniversario de Torres Joalheiros y la exposición de magníficos relojes y joyas en el Landmark Barclays Premiere, Palacio Sottomayor, Lisboa.

100 Anos

EXPOSIÇÃO
DO CENTENÁRIO

Torres Joalheiros tem o prazer de convidar para a festa dos seus 100 Anos e inauguração da exposição única de Alta Relojoaria e Joalharia.
DIA 3 DE NOVEMBRO
INAUGURAÇÃO DA EXPOSIÇÃO
PELAS 19H30
COCKTAIL DINATOIRE
PELAS 20H30
LANDMARK BARCLAYS PREMIER
PALÁCIO SOTTO MAYOR EM LISBOA
BARCLAYS
Torres Joalheiros tem o prazer de convidar os sócios do Clube Relojoeiro para almoço e visita da exposição comemorativa dos seus 100 Anos.
ALMOÇO
DIA 6 DE NOVEMBRO
PELAS 13H00
LANDMARK BARCLAYS PREMIER
PALÁCIO SOTTO MAYOR EM LISBOA
BARCLAYS
Torres Joalheiros e Jaeger-LeCoultre têm o prazer de convidar para o almoço Hybris Mechanica. Venha descobrir as 55 complicações relojoeiras reunidas num cofre-estojo de 3 relógios exclusivos.
ALMOÇO
DIA 4 DE NOVEMBRO
PELAS 13H00
LANDMARK BARCLAYS PREMIER
PALÁCIO SOTTO MAYOR EM LISBOA
BARCLAYS
Torres Joalheiros e Tag Heuer têm o prazer de convidar para o almoço Concept Watch. Venha descobrir a inovação tecnológica por trás da estratégia Tag Heuer.
ALMOÇO
DIA 5 DE NOVEMBRO
PELAS 13H00
LANDMARK BARCLAYS PREMIER
PALÁCIO SOTTO MAYOR EM LISBOA
BARCLAYS

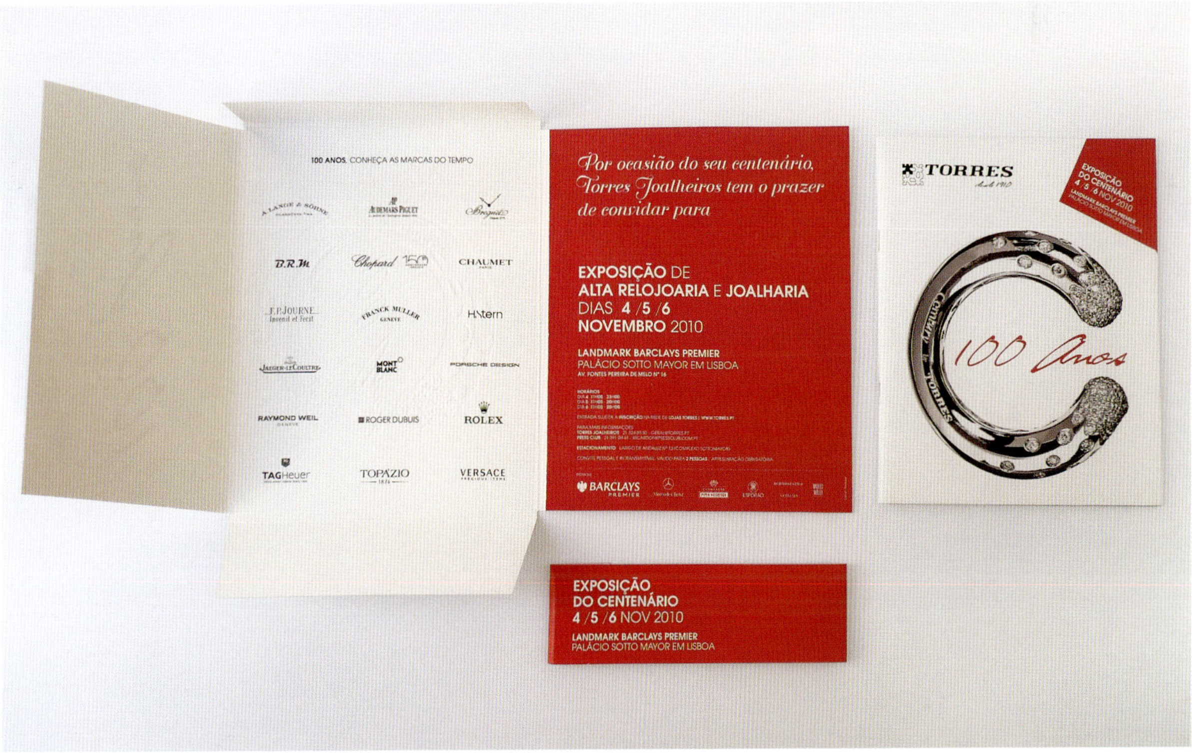
100 ANOS. CONHEÇA AS MARCAS DO TEMPO
A. LANGE & SÖHNE
AUDEMARS PIGUET
Breguet
B.R.M
Chopard
CHAUMET
F.P.JOURNE
FRANCK MULLER
Hautlence
JAEGER-LECOULTRE
MONT BLANC
PORSCHE DESIGN
RAYMOND WEIL
ROGER DUBUIS
ROLEX
TAGHeuer
TOPÁZIO
VERSACE
Por ocasião do seu centenário, Torres Joalheiros tem o prazer de convidar para
EXPOSIÇÃO DE
ALTA RELOJOARIA E JOALHARIA
DIAS 4 /5 /6
NOVEMBRO 2010
LANDMARK BARCLAYS PREMIER
PALÁCIO SOTTO MAYOR EM LISBOA
BARCLAYS
TORRES
EXPOSIÇÃO
DO CENTENÁRIO
4 /5 /6 NOV 2010
100 Anos
EXPOSIÇÃO
DO CENTENÁRIO
4 /5 /6 NOV 2010
LANDMARK BARCLAYS PREMIER
PALÁCIO SOTTO MAYOR EM LISBOA

TAG-HEUER

THISISLOVE STUDIO, Lisboa, Portugal DESIGN_Joana Areal PHOTOGRAPHER_Thisislove Studio and Adriana Pacheco _ www.thisislove.pt

Official invitation for Torres Joalheiros new shop's opening party at Cascais Shopping, introducing the new limited edition watch by TAG Heuer, Chrono Motor Racing. The invitation unfolds into an aerodynamic shape revealing the details and surprises of the party, inspired by the delicate lines and smooth edges from machinery along with speed, action and time.

Invitación oficial para la fiesta de inauguración de la nueva tienda Torres Joalheiros en el centro comercial Cascais Shopping para presentar el nuevo reloj de edición limitada de TAG Heuer, Chrono Motor Racing. La invitación revela una forma aerodinámica que muestra los detalles y las sorpresas de la fiesta y está inspirada en las líneas delicadas y en los bordes suaves del mecanismo, así como en la velocidad, la acción y el tiempo.

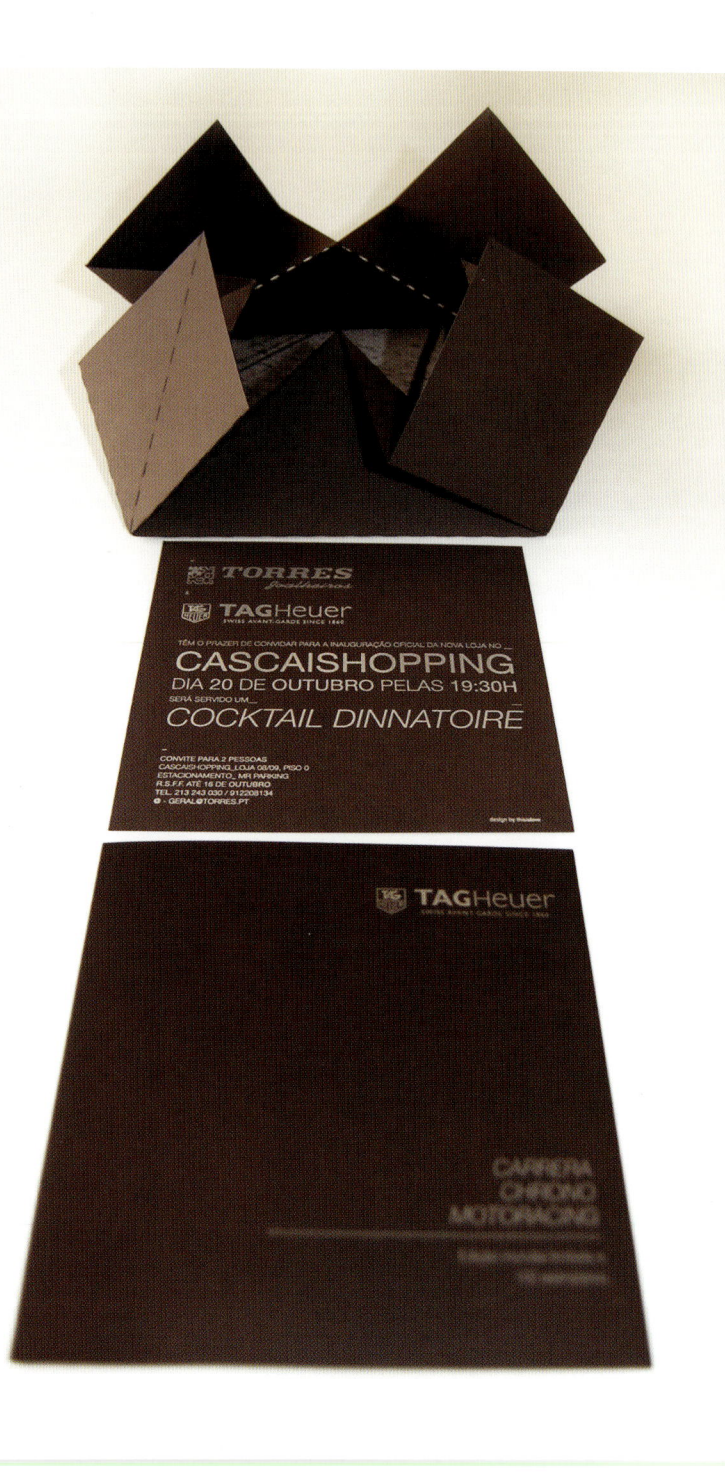

SANDRIX & HUGHES
ESPLUGA+ASSOCIATES, Barcelona, Spain DESIGNER_espluga+associates _ www.espluga.net

Invitation for a three day wedding in Ibiza: Sun, party, friends, suscreen.

Invitación para una boda de tres días en Ibiza: sol, fiesta, amigos y protección solar.

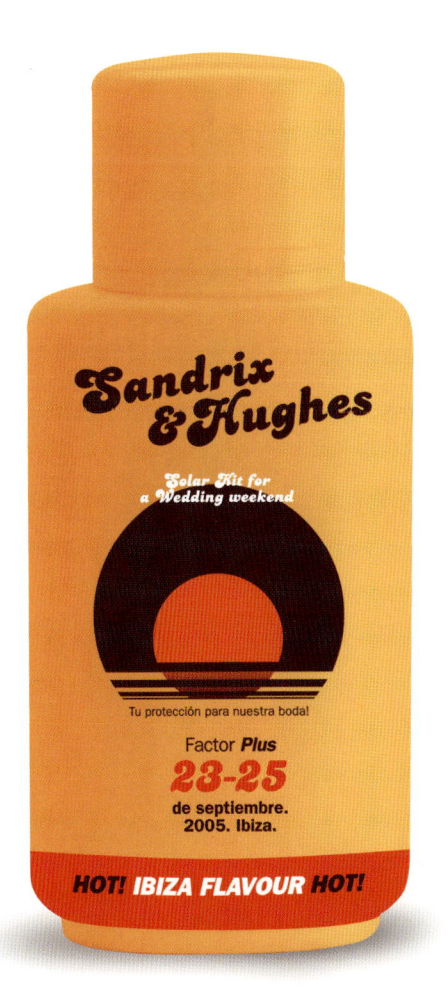

FEDRIGONI'S GELATERIA
AGENCY JS, London, UK **DESIGN**_Joe Stephenson _ www.joestephenson.co.uk

A traditional Italian gelato ice cream evening featuring a vintage street vending *gelato* cart. The aim was to encourage more designers to visit and use the Fedrigoni London Showroom - a place to showcase Fedrigoni's fine and speciality papers and bring the paper company closer to the design community by holding various events, from talks and exhibitions to games nights and awards. Drawing on Fedrigoni's Italian heritage, the Gelateria (meaning 'ice cream parlour') aims to provide a relaxed summer evening event where guests can cool off with a scoop of gelato, whilst enjoying authentic Italian street music, collecting paper samples and acquainting themselves with the showroom and its various uses. All promotional material and showroom decorations made from the Fedrigoni Woodstock paper range. The invitation was a triplexed card, silkscreen-printed on both sides, sent in various colours of envelopes. This reflected the broad range of papers available at Fedrigoni, as well as *gelato* ice cream flavours.

Una noche del tradicional gelato italiano que presenta un clásico carrito de los helados de venta ambulante. El objetivo era animar a los diseñadores a visitar y hacer uso del Fedrigoni London Showroom, un lugar para exhibir el magnífico y especial papel de Fedrigoni y acercar la empresa a la comunidad de diseñadores con el fin crear diversos actos, desde conferencias y exposiciones hasta noches de juegos y premios. Al recurrir a la herencia italiana de Fedrigoni, la Gelateria, que significa heladería, se propone ofrecer un evento de verano por la noche en un ambiente relajado donde los invitados pueden refrescarse con una bola de helado, mientras disfrutan de la auténtica música callejera italiana, cogen muestras de papel y se desenvuelven en la exposición con sus múltiples utilidades. Todo el material promocional y las decoraciones de la exposición se hicieron con la gama de papel Fedrigoni Woodstock. La invitación consistía en una tarjeta de tres capas, impresa en serigrafía por ambos lados y enviada en sobres de diferentes colores. Esto reflejaba la amplia gama de papeles que ofrece Fedrigoni, así como los sabores de los gelatos.

Fedrigoni's
GELATERIA
Come and cool off from the
summer heat with a refreshing
scoop of Fedrigoni's traditional
Italian gelato ice cream!
A place for ice cream!
Thursday 8th July, 2010
7:00–10:30pm
Fedrigoni London Showroom
5th floor, Diamond House
36–38 Hatton Garden
London EC1N 8EB
RSVP online at
fedrigoni.co.uk/gelateria
FEDRIGONI

Fedrigoni's
GELATERIA
FEDRIGONI

Fedrigoni's
GELATERIA

ANA & PAULO
MUSAWORKLAB, Lisbon, Portugal DESIGN_MusaWorkLab ILLUSTRATOR_Hazuki Sekine _ www.musaworklab.com

Ana and Paulo asked us to design a classic wedding invitation with an exotic touch. So we asked the japanese artist Hazuki Sekine to illustrate it with an intricate oriental flourished ornaments and mixed with classical details such as classic typography and customized wax seal. The invitation was printed in two colors, wrapped and sealed, meaning harmony and connection between both.

Ana y Paulo nos encargaron que les diseñáramos una invitación de boda clásica pero con un toque exótico. Así que pedimos al artista japonés Hazuki Sekine que la ilustrara con complejos ornamentos florales orientales y los combinara con detalles clásicos, como una tipografía tradicional y un sello de cera personalizado. La invitación se imprimió en dos colores, se envolvió y se selló, simbolizando la harmonía y la conexión entre ambos.

MAGGIE AND MICHEL
NEIL CUTLER DESIGN, Barcelona, Spain DESIGN_Neil Cutler ILLUSTRATOR_Neil Cutler _ www.neilcutler.com

Wedding invitation booklet for Maggie and Michel, who met skiing, went to the cinema…

Invitación de boda en forma de folleto para Maggie y Michel, que se conocieron esquiando, fueron al cine…

…THEIR PATHS CROSS
VAL D´ISERE, 30 DECEMBER…

…THE FIRST DATE
THE CINEMA, SUNDAY 2 FEBRUARY…

…THE FIRST KISS
DINNER AT MAGGIE´S, FRIDAY 7 FEBRUARY…

…THE WEDDING
OLIVELLA, SPAIN · SUNDAY 13 SEPTEMBER
16.00H…

…LA FIESTA!
SANT PERE DE RIBES · SUNDAY 13 SEPTEMBER
19.00H…

HAND
STUDIO KELLI ANDERSON, New York, USA DESIGN_Kelli Anderson _ www.kellianderson.com

Like a souvenir from a old-fashioned roadtrip, Youngna and Jacob wanted me to create an object that would serve as a lasting momento of adventure for their wedding guests. Because their venue was a remote mountain-top home, the handkerchief had to function as accurate way-finding tool—while simultaneously preserving the journey's idiosyncratic visual landmarks for future memories. I digitally traced and re-traced the route in Google Maps, identified+illustrated landmarks, and created a 50-foot long paper "road" in the shape of the route. Those items were digitized and printed on fabric to form the map design, and wrapped up with a letterpress band with the event details.

Como si se tratase de un recuerdo de un antiguo viaje en coche, Youngna y Jacob querían que les hiciese un objeto que ofreciera un momento de aventura duradero a sus invitados de boda. Como tuvo lugar en una remota casa en la cima de una montaña, el pañuelo tuvo que hacer de herramienta precisa para encontrar el camino, mientras que, al mismo tiempo, retenían los puntos de referencia idiosincrásicos del viaje para recordarlos más adelante. Digitalmente, localicé y relocalicé la ruta en Google Maps, identifiqué e ilustré los puntos de referencia y creé una «carretera» provisional de 15,24 metros de largo en forma de ruta. Todo se digitalizó e imprimió sobre tela para crear el diseño del mapa y se envolvió con una cinta donde aparecían los detalles del evento.

TEN
HOWLAND RD
END

TEN
YOUNGNA + JACOB
ARE GETTING MARRIED!
JOIN US IN CELEBRATING
ALONGSIDE OUR FAMILIES

TEN
END
HOWLAND RD

TEN
HOWLAND RD
END
CAMPS FLAT RD

FRANCK MULLER
THISISLOVE STUDIO, Lisboa, Portugal DESIGN_Joana Areal PHOTOGRAPHER_Adriana Pacheco _ www.thisislove.pt

Official invitation and event installation for Frank Muller's watch exhibition "Pride of Portugal" at Torre de Belém, in Lisbon.
The official numbers of Franck Muller's watches are the most important elements in this project, conveying the idea of time and rhythm in a dynamic and enthusiastic way.
The event installation took the numbers from the invitation and projected them on Torre de Belém as coloured outlines following the idea of "Pride" and excitement.

Invitación oficial e instalación del evento para la exposición de relojes Franck Muller «Pride of Portugal» (Orgullo de Portugal) en la torre de Belém, Lisboa.
Los números oficiales de los relojes de Franck Muller son los elementos más importantes de este proyecto, que transmitían la idea del tiempo y el ritmo de una manera dinámica y entusiasta. La instalación del evento tomó los números de la invitación y los proyectó en la torre de Belém como dibujos coloreados que seguían el concepto de orgullo y emoción.

ELOI i NÚRIA
NÚRIA VILA. ESPAI CREATIU, Barcelona, Spain DESIGN_Núria Vila _ www.nuriavila.net

Wedding invitation, the wedding theme revolves around the birds. We wanted to surprise our guests and make them to enjoy for a few seconds with chocolate. A chocolate egg that needs to be eaten in order to discober and read the invitation that is inside.

Invitación efímera para una fiesta de boda donde la temática gira en torno a los pájaros.
Queríamos sorprender y hacer disfrutar a la gente durante unos segundos con una tentación de chocolate. Un Huevo de chocolate negro que necesita ser comido para poder descubrir y leer el contenido que hay en su interior.

111

AGENCY JS, London, UK DESIGN_Joe Stephenson, Luke Elliott & Toby Edwards _ www.joestephenson.co.uk _ www.thisisluke.co.uk _ www.tobyedwards.co.uk _ http://vimeo.com/10845249 _ http://vimeo.com/10881014

The brand identity and promotional material for the Nottingham Trent University BA (Hons) Graphic Design Degree Show 2010 and related events. Concept based on the fact that there were 111 graphic design students graduating in 2010 - the logo is composed of 111 dots, each representing one 'bright new creative'. Invitations, exhibition catalogues, website and posters were produced. A viral video featuring a 3D light installation of the logo was also filmed in the NTU graphic design studio receiving over 8,000 views. The 3D light installation was then put on show at the exhibition. The invitation comprises a die-cut pouch and a silkscreen-printed pull-out card. When the card slides out of the pouch, the moving dotted pattern seen through the die-cut logo in the pouch gives rise to a shimmering effect. This reflects the idea of the 111 bright new creatives being switched on.

Marca y material promocional para el Proyecto de fin de carrera del 2010 de la Licenciatura de Diseño Gráfico de la Universidad de Nottingham Trent y actos relacionados. La idea se basó en el hecho de que 111 estudiantes de diseño gráfico se licenciaban en el 2010: el logo está formado por 111 puntos y cada uno representa un «creativo nuevo y brillante». Se crearon invitaciones, catálogos de exposición, sitios web y carteles. También se filmó un video viral con un dispositivo de luz 3D del logo en el estudio de diseño gráfico de la universidad, que recibió más de 8 000 visitas. El dispositivo de luz 3D, también, se mostró en la exposición. La invitación consta de una bolsa troquelada y una tarjeta extraíble impresa en serigrafía. Cuando la tarjeta se extrae de la bolsa, el dibujo de puntos móviles que se ve a través del logo troquelado en la bolsa origina un efecto brillante. Esto refleja la idea de encender a los 111 creativos nuevos y brillantes.

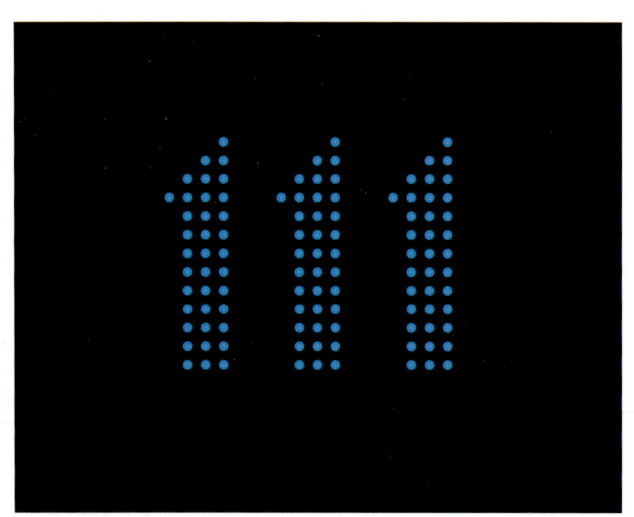

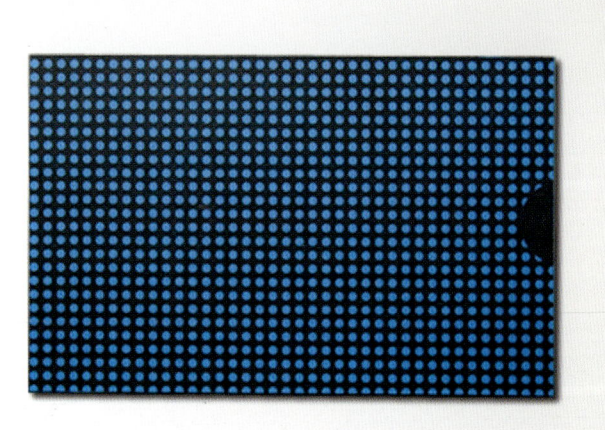

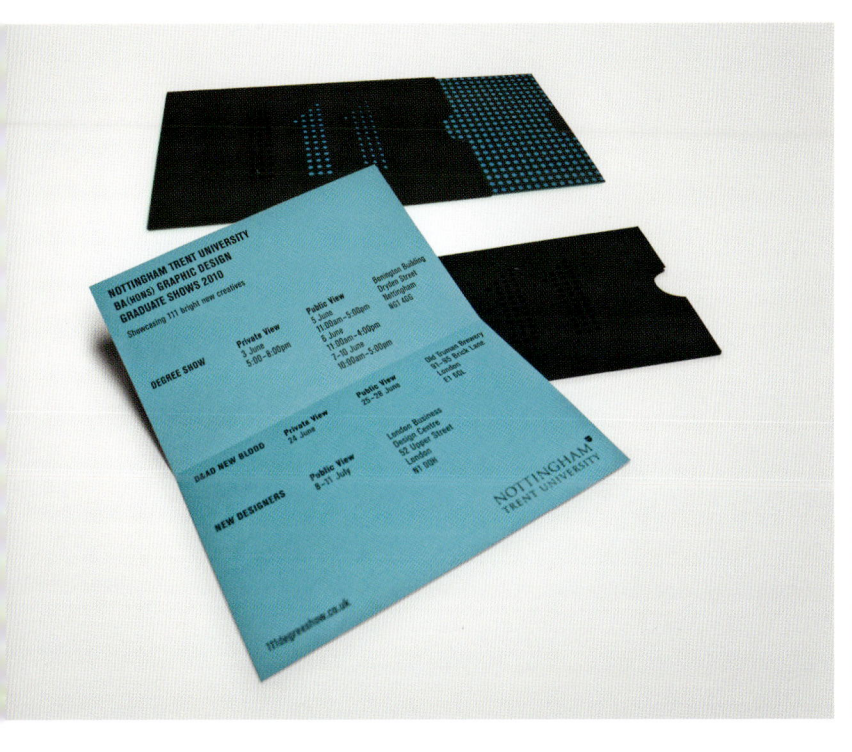

NOTTINGHAM TRENT UNIVERSITY
BA(HONS) GRAPHIC DESIGN
DEGREE SHOW 2010

Showcasing 111 bright new creatives

PRIVATE VIEW
Thursday 3 June
5:00 – 8:00pm

STUDENT CELEBRATION
EVENING
Friday 4 June
6:00 – 9:00pm

PUBLIC VIEW
Saturday 5 June
11:00am – 5:00pm

Sunday 6 June
11:00am – 4:00pm

Monday 7 June – 10 June
10:00am – 5:00pm

www.111degreeshow.co.uk

NOTTINGHAM TRENT UNIVERSITY

CRISTIAN Y NATALIA
STUDIO SONSOLES LLORENS, Barcelona, Spain **DESIGN_**Sonsoles Llorens _ www.sonsoles.com

The king and queen of hearts symbolize bride and groom. The wedding invitation "playing cards" create a joyful, light-hearted effect.

El rey y la reina de corazones simbolizan los novios que se casan. El formato de "naipes" de la invitación a la boda proporciona un ambiente alegre y lúdico.

SONSOLES 2009
STUDIO SONSOLES LLORENS, Barcelona, Spain DESIGN_Sonsoles Llorens _ www.sonsoles.com

Surprise, humour and joviality proved to be allies in the eternal challenge to come up with a New Year's card poles apart from those of Christmas.

Cada año nos marcamos el reto de conseguir una felicitación de Año Nuevo que se aleje de los «Christmas» navideños al uso. La sorpresa, el humor y el juego son nuestros aliados.

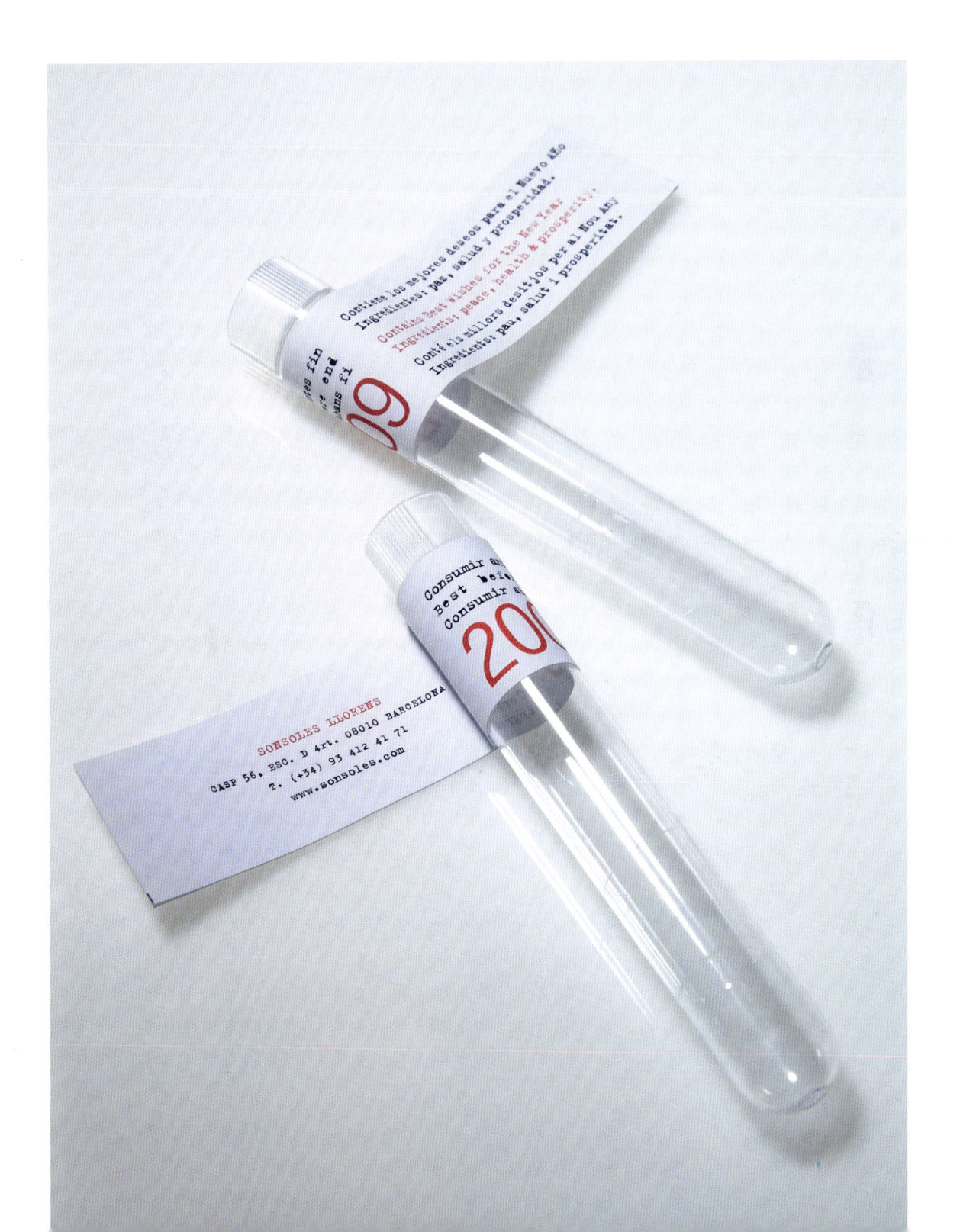

BOMBAY SAPPHIRE

MUSAWORKLAB, Lisbon, Portugal DESIGN_MusaWorkLab _ www.musaworklab.com

For the presentation of the 7th Bombay Sapphire Design Contest finalists we designed an invitation inspired in the shapes of the Bombay Sapphire bootle an logo. These forms were recreated with sharp borders like glass pieces and printed it in a bright metallic finishing paper to have a real feeling. A final touch of foil stamped gold was used in the body text to transmit all the glamour of the brand.

Para la presentación del 7º Concurso de diseño de Bombay Sapphire, se creó una invitación inspirada en las formas de la botella y en el logo de la marca. Estas formas se recrearon con bordes puntiagudos como piezas de cristal y se imprimió en un papel de acabado metálico brillante para infundir una sensación real. Se le dio el toque final con un estampado en lámina dorado en el cuerpo del texto con el fin de transmitir todo el glamur de la marca.

BROMPTON

BUNCH, London, UK DESIGN_Bunch & Schober Design _ www.bunchdesign.com

Invitation for an annual event taking place in South Kensington in London. Die-cut holes mark showroom activity.

Invitación para un acto anual que tiene lugar en South Kensington, Londres. Las perforaciones troqueladas definen la actividad de la exposición.

DIARIO

GESTOCOMUNICACION, Huelva, Spain DESIGNER_David Robles _ www.gestocomunicacion.com

A wedding invitation representing the written words found in the diary of one of the betrothed, on their day of betrothal. Symbolizing the start of a new life, all pages prior to the special day are ripped out.

Invitación para enlace matrimonial que simula el diario manuscrito de uno de los contrayentes el día de la pedida. Simbolizando el inicio de una nueva vida, la página anteriores han sido arrancadas.

OHLA HOTEL OPENING
ESPLUGA+ASSOCIATES, Barcelona, Spain DESIGNER_espluga+associates _ www.espluga.net

Invitation for the ohla hotel opening in barcelona. We used the sculptures on the facade as an identity symbol, to show the difference between modern and classic, a constant throughout the hotel.

Invitación para la inauguración del Hotel Ohla de Barcelona. Se utilizaron las esculturas de la fachada como símbolo de identidad para diferenciar lo moderno de lo clásico, una constante en todo el hotel.

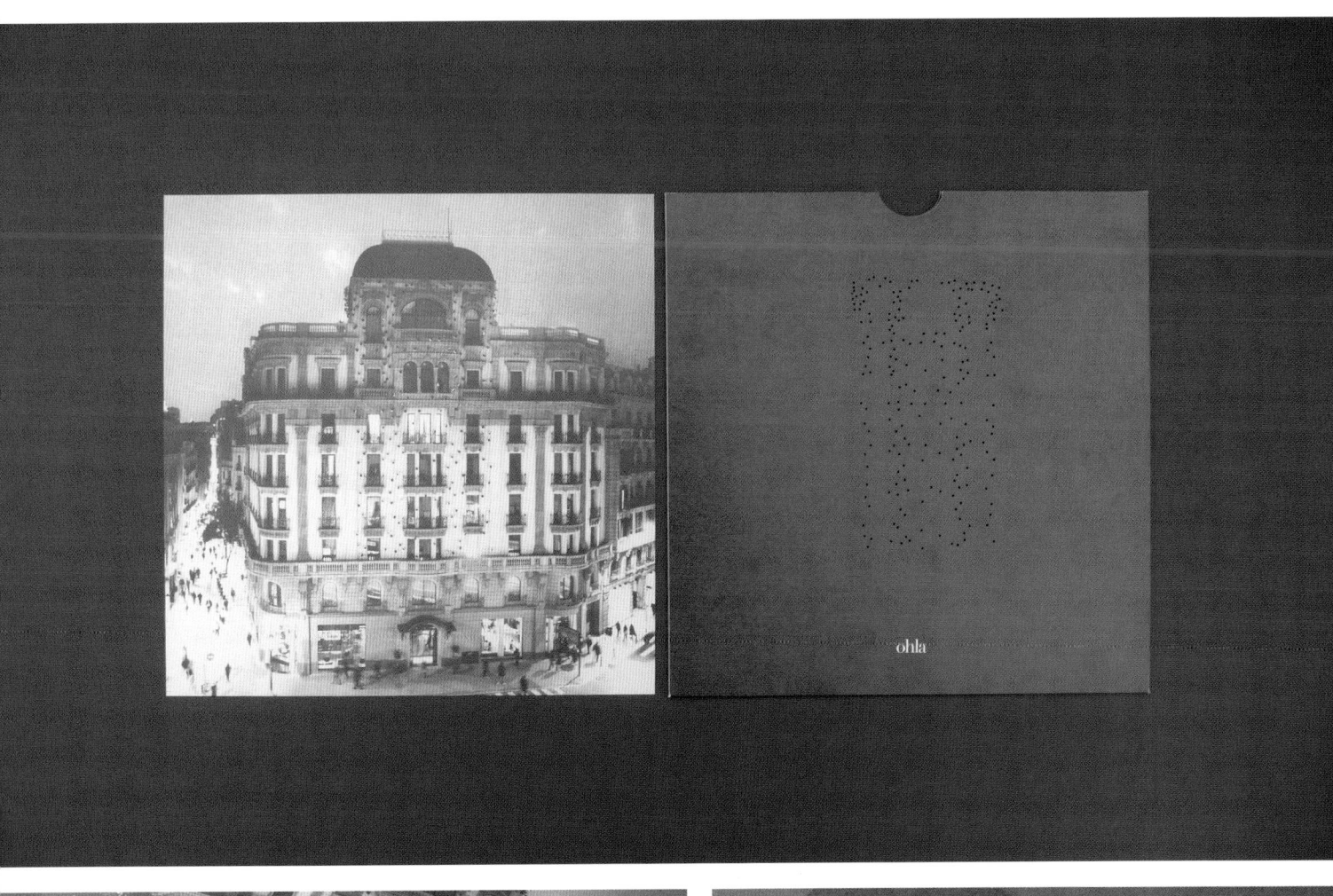

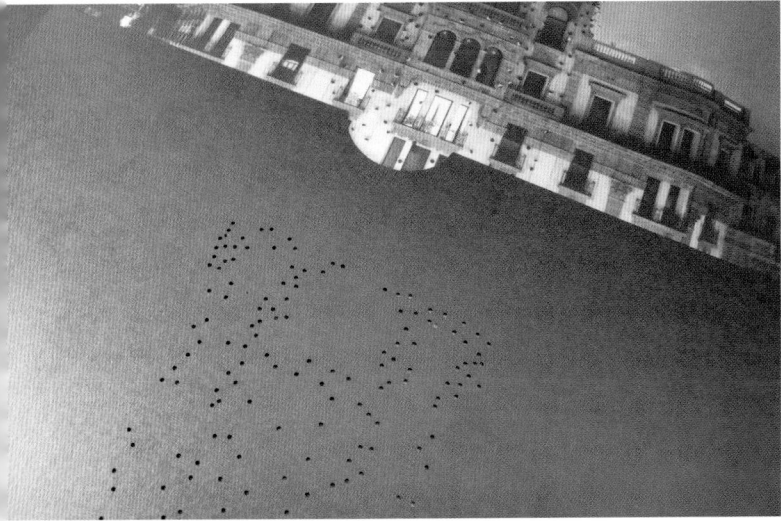

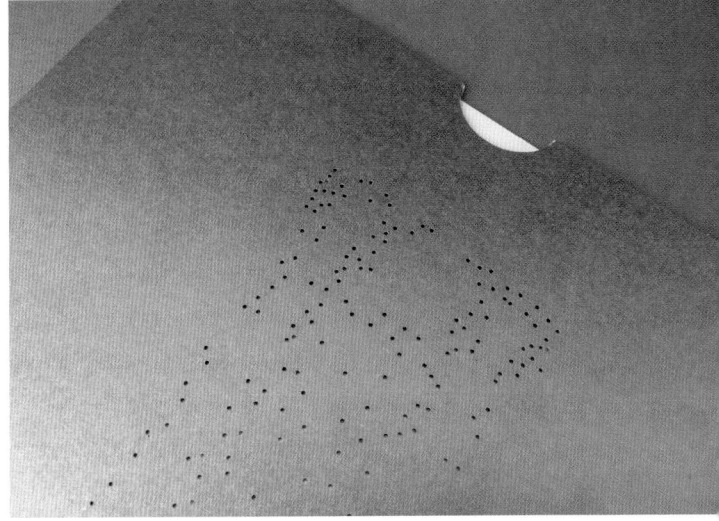

ORIGAMI Invitation

STUDIO RAQUEL QUEVEDO, Barcelona, Spain DESIGN_Raquel Quevedo ILLUSTRATOR_Raquel Quevedo & Marta Rosselló _ www.raquelquevedo.com

This is an invitation to a music session inspired by the music of Björk and featuring various Djs. A dynamic format was thought, that offered various creative possibilities, thinking of the creative process as of the final user at the same time.
The envelopers were made from advertising posters for the event using the origami technique, the record -shaped coasters- they contained, were the invitations that the receivers use to gain admission. Exposing cubes were constructed with the four different posters.

Esta es una invitación a una sesión musical inspirada en la música de Björk en el que colaboran varios DJ. Se pensó en un formato dinámico que ofreciera diversas posibilidades creativas, pensando, al mismo tiempo, en el proceso creativo como en el usuario final. Los sobres se hicieron a partir de carteles publicitarios para el acto, empleando la papiroflexia. Los discos, con forma de posavasos, eran las invitaciones que los asistentes utilizaban para poder entrar. Los cubos se crearon con cuatro carteles diferentes.

BJÖRK
POR DJ MUMBA
NEPTUNO
SESIONES BJÖRK
SEPTIEMBRE 2005
BJÖRK
BJÖRK

JOAN Y SONSOLES

STUDIO SONSOLES LLORENS, Barcelona, Spain DESIGN_Sonsoles Llorens _ www.sonsoles.com

The diptych opens like a window to reveal the newly-weds closer than ever before in their new life...

El díptico que se abre en ventana desvela la nueva situación de los novios que después de la boda, estarán más unidos...

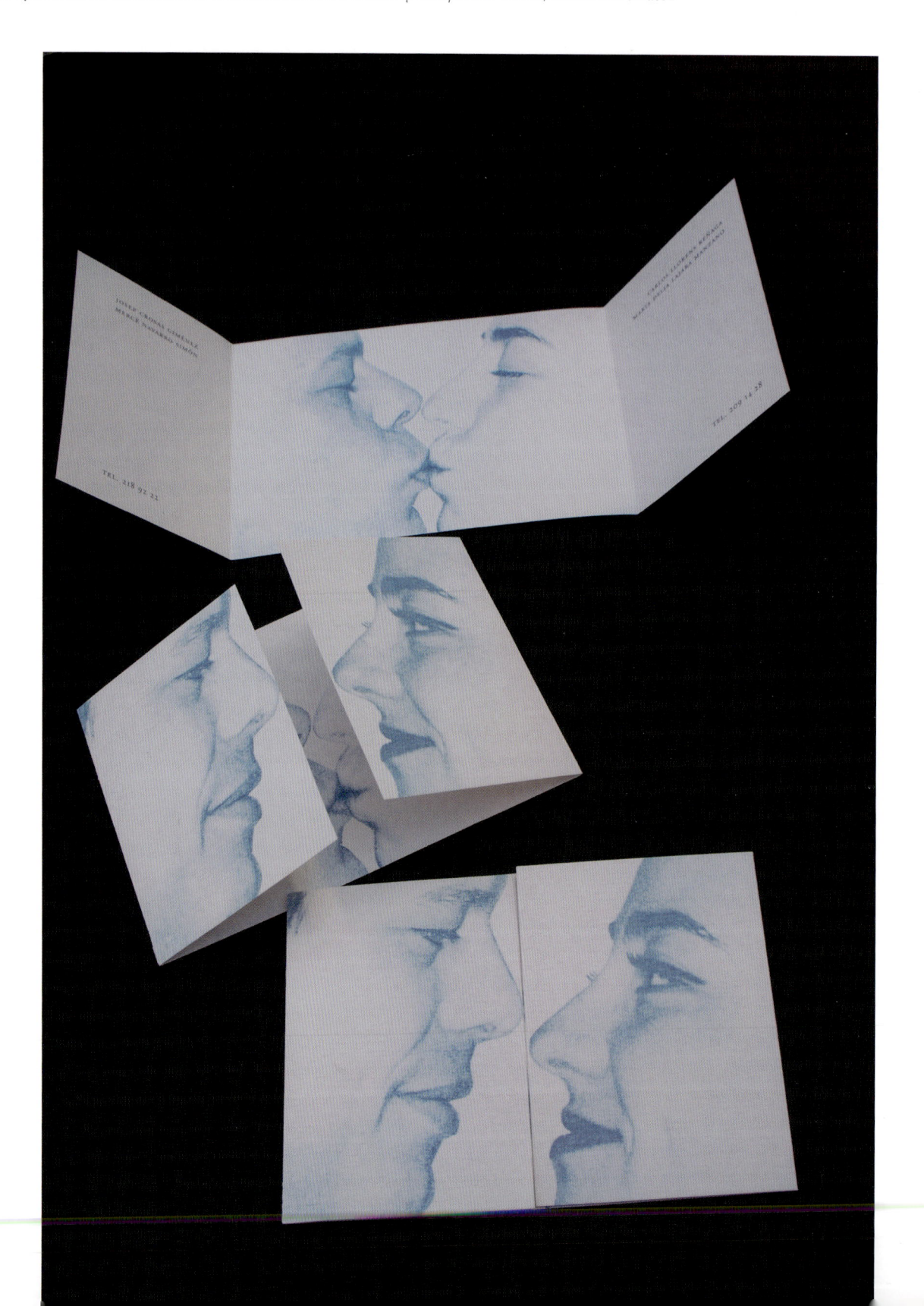

MAILING
NOSOLOTINTA, Murcia, Spain DESIGN_Geni Motos _ www.nosolotinta.es

Recipients received a small die cutter, complete with instructions, inviting them to have a go at carrying out the same work as the client: model building. Making the most of the New Year, the company announced their new change of address.

Se envía un pequeño troquel con instrucciones que invita al destinatario a participar realizando la misma labor que el cliente: construcción de maquetas. Aprovechando el principio de año, se pretende informar del reciente cambio de domicilio de la empresa.

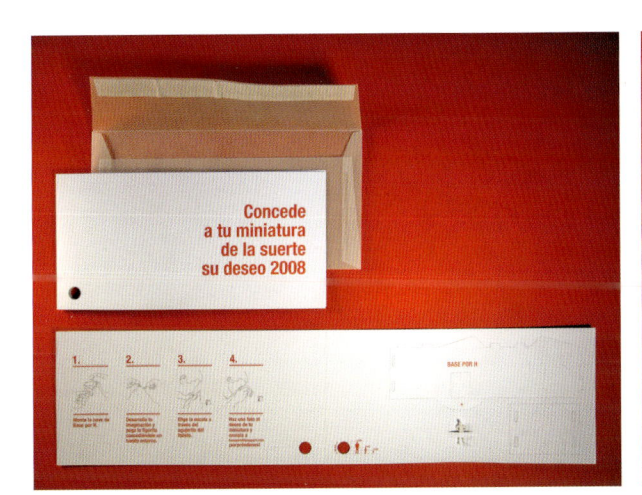

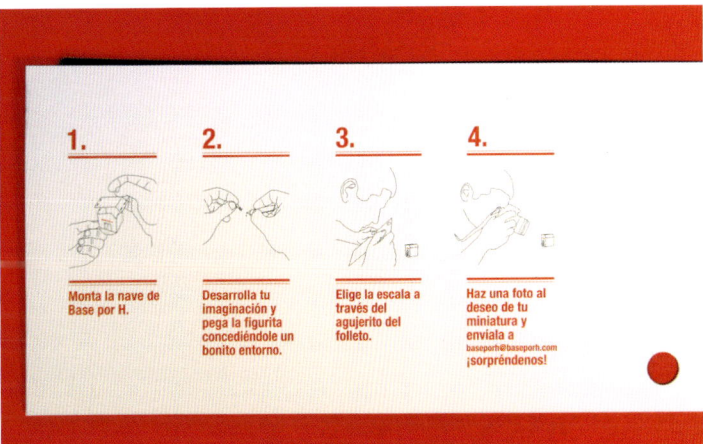

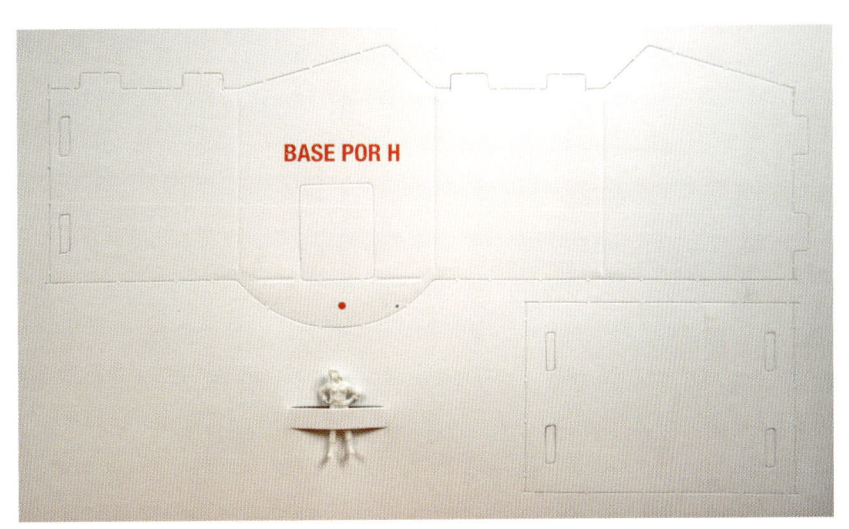

VBO PORTUGALLO

THISISLOVE STUDIO, Lisboa, Portugal DESIGN_Joana Areal PHOTOGRAPHER_Thisislove Studio and Adriana Pacheco _ www.thisislove.pt

Official invitation for Vbo Portogallo's Launch at Lx Factory, Lisbon, presenting the new Vbo Portogallo's collection and illuminating solutions. The invitation is a folded poster with the invite card inside, with different levels of light and shade.

Invitación oficial para el lanzamiento de Vbo Portogallo en LX Factory, Lisboa, para la presentación de la nueva colección y soluciones iluminadoras de Vbo Portogallo. La invitación es un cartel doblado con diferentes niveles de luz y sombras que contiene la tarjeta de invitación.

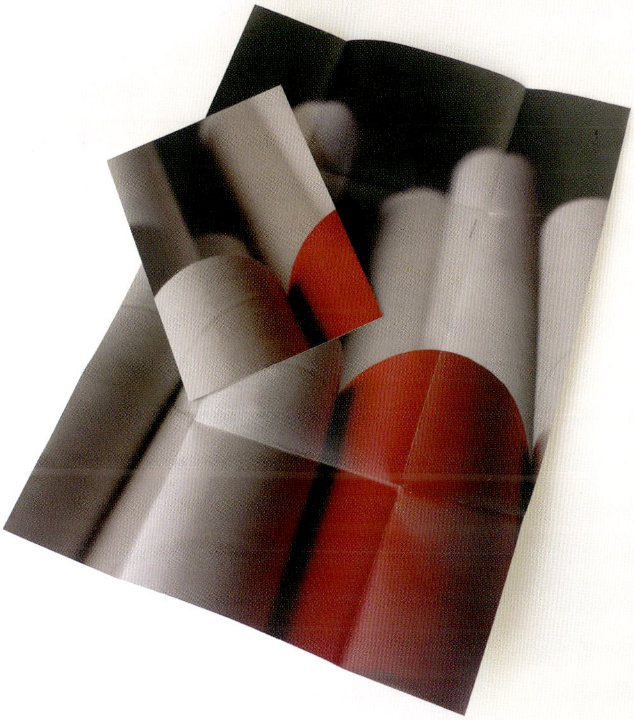

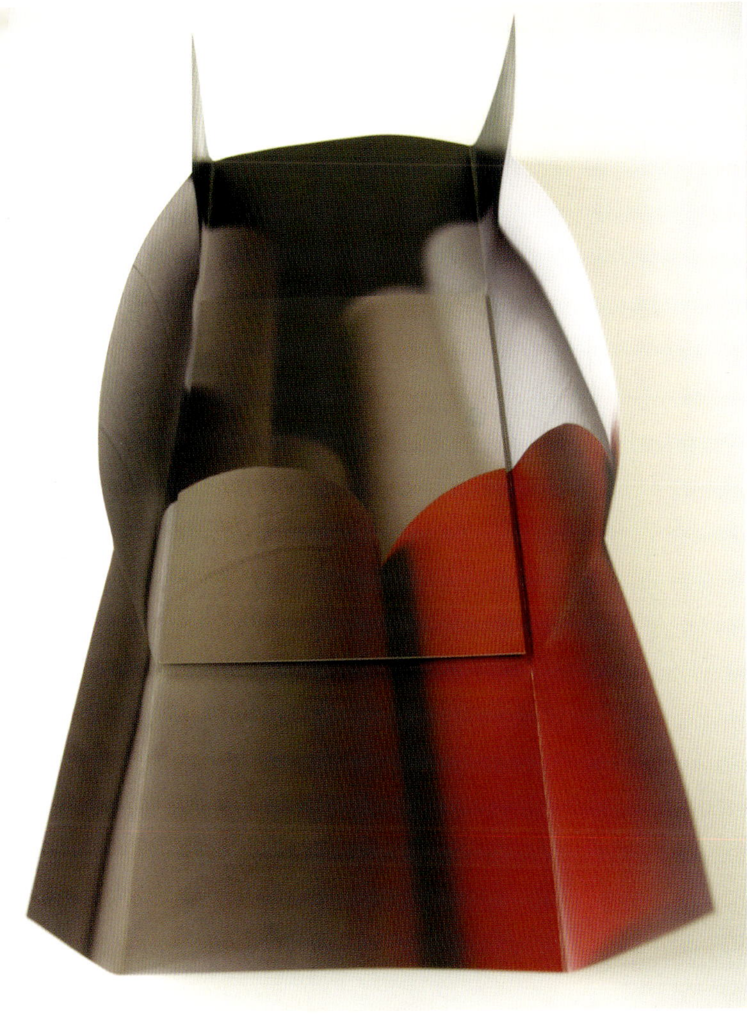

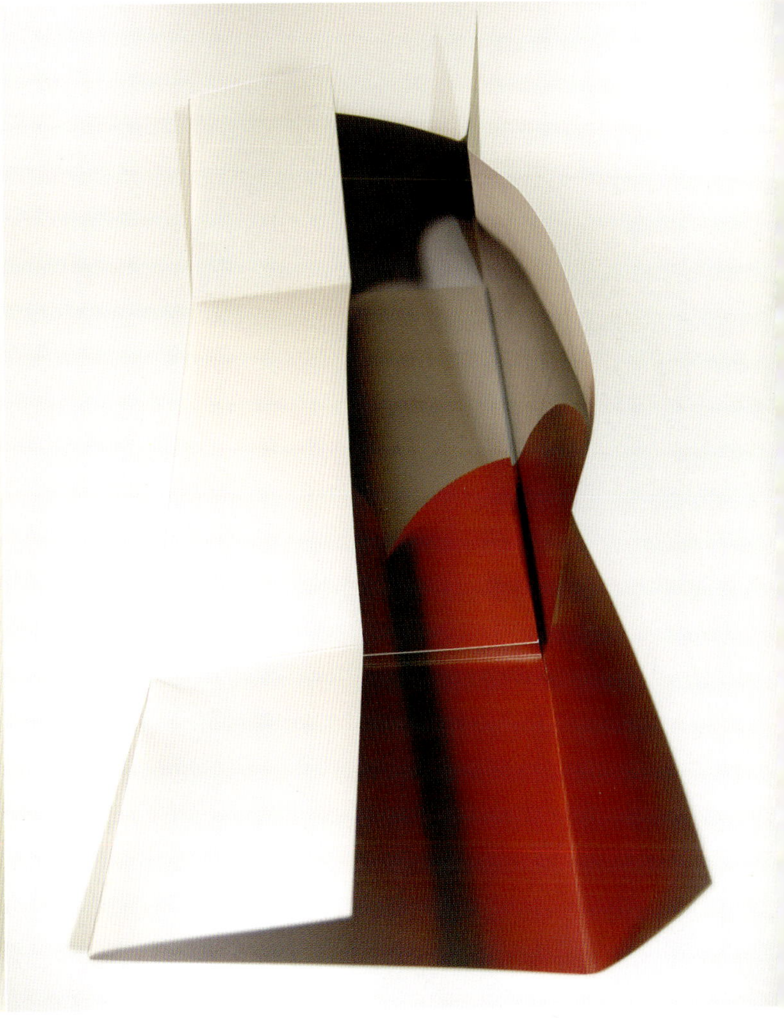

WEDDING Invite Jade and Tash
MONIQUE KNEEPKENS, Amsterdam, The Netherlands DESIGN & ILLUSTRATOR Monique Kneepkens _ www.monswork.com

My friends Jade and Tash asked me to do their wedding invite. I did the invite as a folded poster, that came in a clear pocket. The pocket showed a decorative illustration that I hand drew, showing Jade's name on one side, and Tash's name on the other side. When one takes the poster out of the clear pocket, the two halves reveal one love-heart.

Mis amigos Jade y Tash me pidieron que les hiciera su invitación de boda. La hice como un cartel doblado que venía en un bolsillo transparente. Éste mostraba un dibujo decorativo que hice a mano, en el que se muestra el nombre de Jade por un lado y el de Tash por el otro. Al sacar el cartel del bolsillo transparente, las dos mitades revelan un corazón.

WEDDING INVITE
Date: Friday 22nd May
Location: Port Vila, Vanuatu
Ceremony: Erakor Island Open Air Chapel - 3pm
Reception: Le Lagon Resort - 6pm
Dress: Island Smart Casual
RSVP: 1st May 2009
Email: tashfatale@gmail.com
Tash Mobile: 0407 313 230
N.B: Guests will need to be at
Erakor Island Ferry at 2.30pm

GET A FLIGHT

THISISLOVE STUDIO, Lisboa, Portugal DESIGN_Joana Areal & Inês Veiga PHOTOGRAPHER_Thisislove Studio _ www.thisislove.pt

Gift made especially for get a light's employees to take on a field trip. Plastic square box sealed with a sticker and filled with cotton fibers to hold inside a paper airplane with the trip schedule.

Obsequio hecho especialmente para los trabajadores de Get a light para una excursión. Caja cuadrada de plástico sellada con una pegatina y llena de algodón, que contiene un avión de papel con el programa de la excursión.

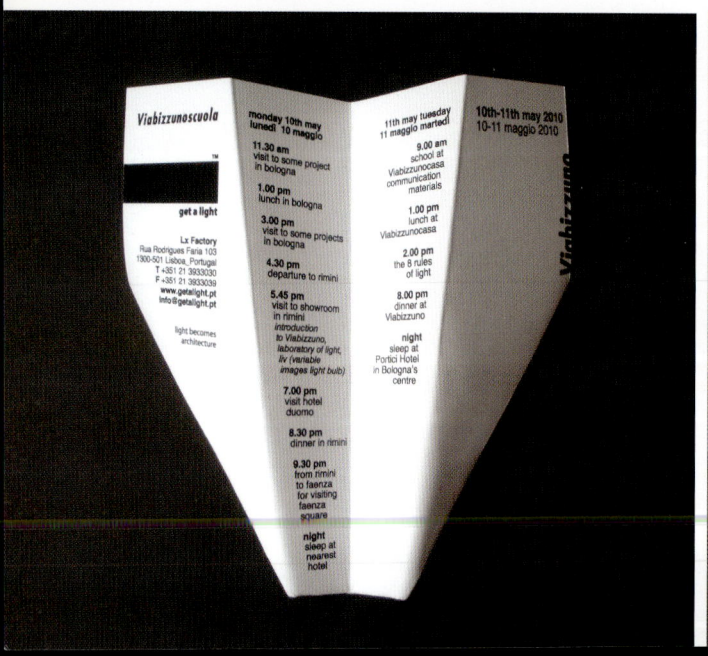

OJMAR
ALAMBRE ESTUDIO, San Sebastian, Spain DESIGN_Alambre Estudio _ www.alambre.net

For this Christmas campaign we designed an USB pendrive and a greeting card inside a printed cardbox, which design sets away from the typical Christmas graphic language and introduces this gift as a personal object.

Para la campaña navideña diseñamos una acción de marketing compuesta por una memoria pendrive USB con una caja contenedora en cartón impreso dentro de la cual además introducimos la felicitación impresa. El diseño de la felicitación se aleja del lenguaje gráfico navideño y presenta a regalo como un objeto personal.

WEDDING Invitation

LEIB UND SEELE GBR, Stuttgart, Germany DESIGN_Christian Vögtlin COPYWRITER_Christian Vögtlin _ www.lsdk.de

Very traditional. But instead of using deckle edged paper, we used... wood. A maple inlay paper mixed with translucend paper and finn paperboard, held together through a brass eyelet. The content, including the bridal pairs silhouette is an allusion to the old bavarian newspapers.

Muy tradicional pero, en vez de utilizar papel de barba, se utilizó... madera. Papel con madera de arce incrustada mezclado con papel translúcido y cartón finlandés, todo unido con un ojete de metal. El contenido, que incluye la silueta de la pareja de novios, hace alusión a los antiguos diarios bávaros.

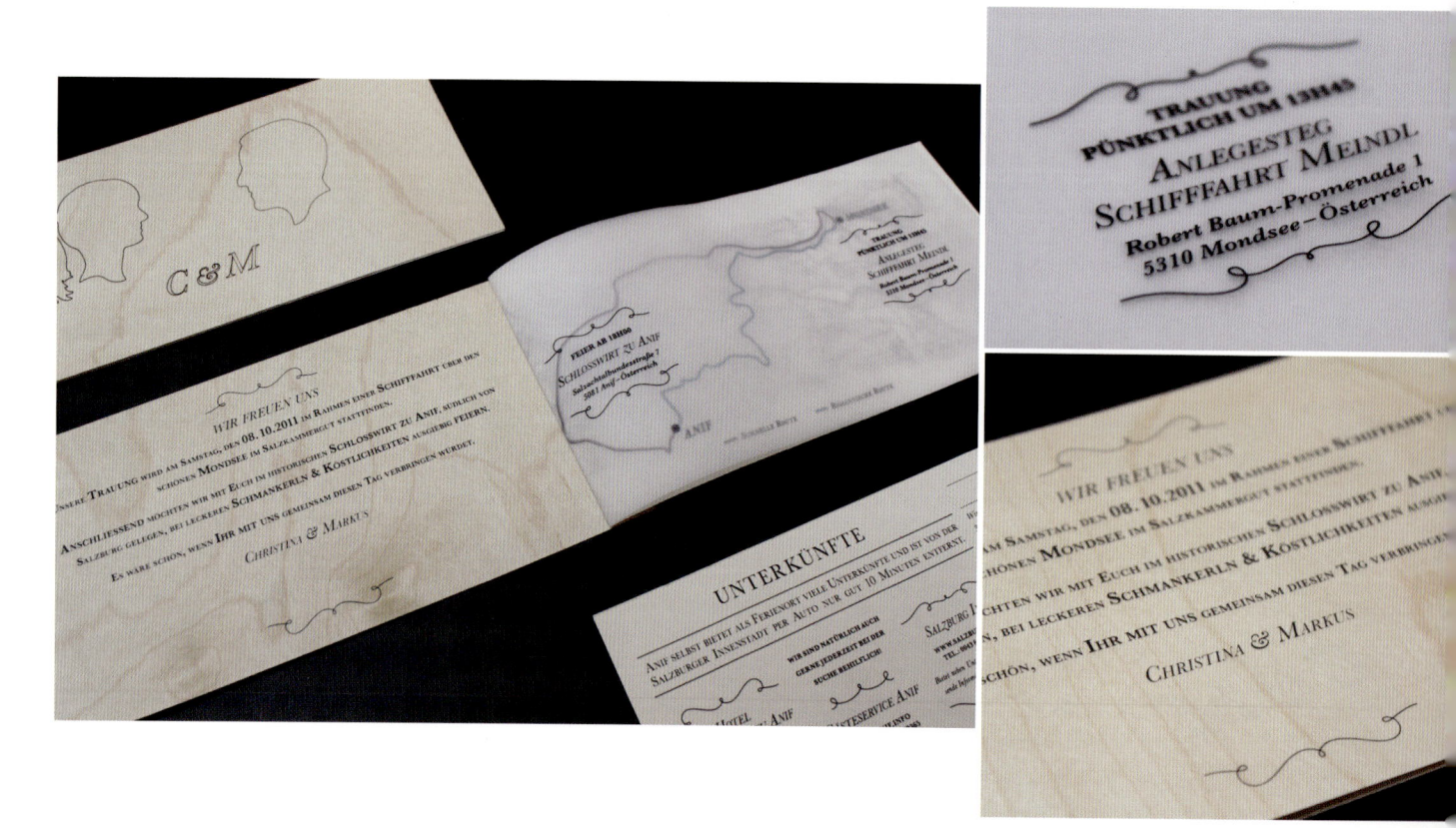

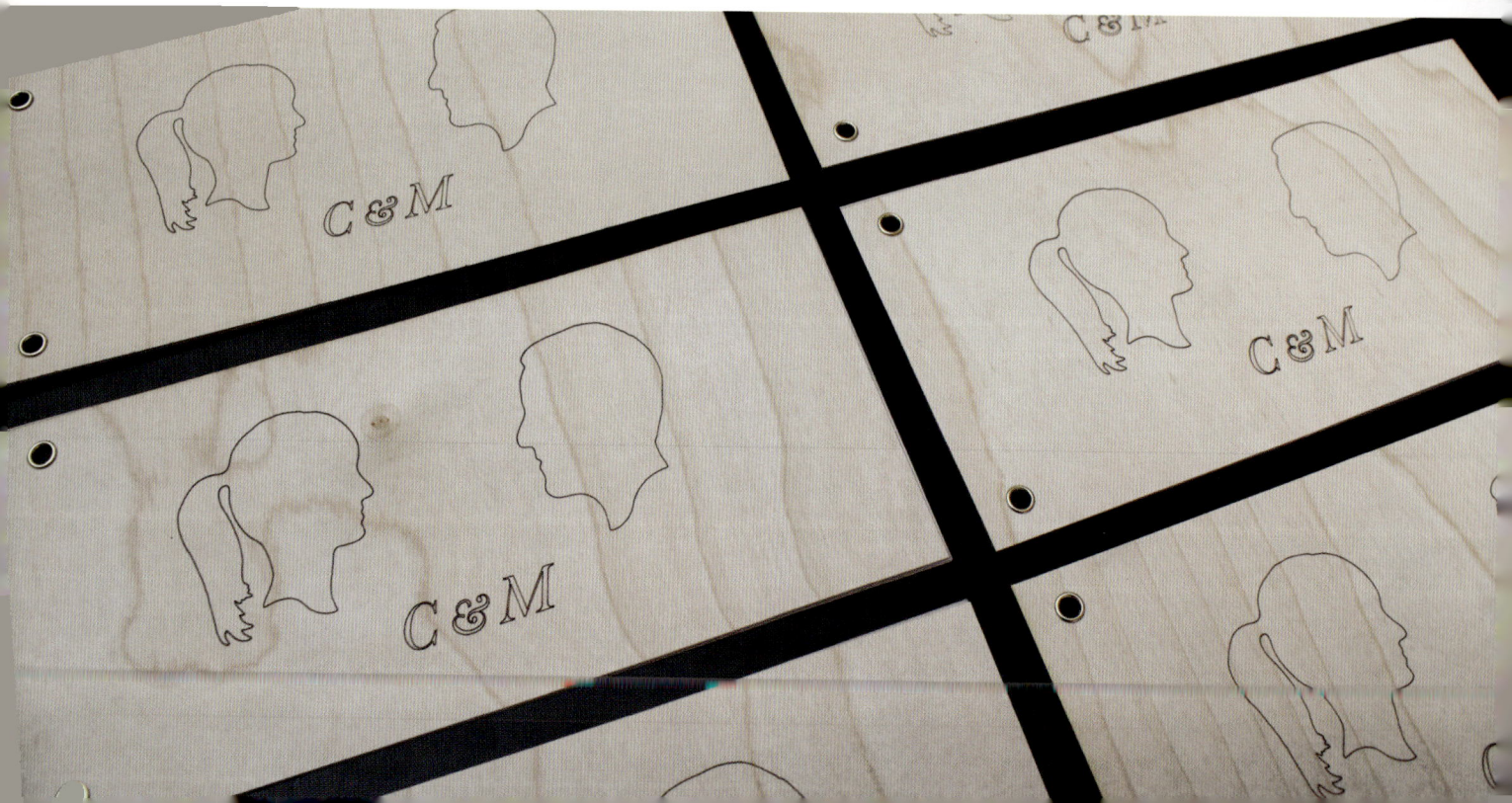

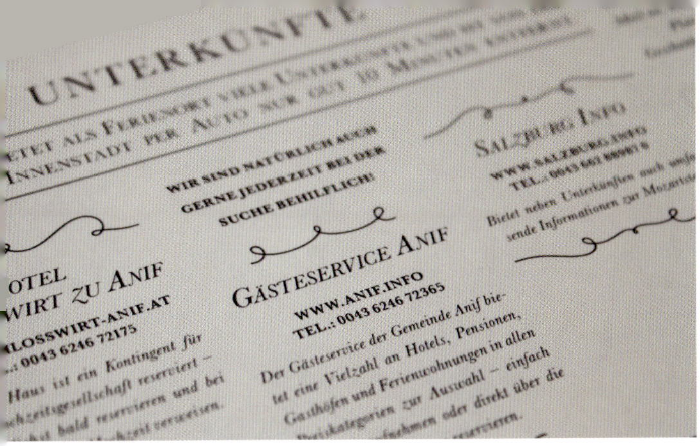
UNTERKÜNFTE
WIR SIND NATÜRLICH AUCH GERNE JEDERZEIT BEI DER SUCHE BEHILFLICH!
SALZBURG INFO
WWW.SALZBURG.INFO
GÄSTESERVICE ANIF
WWW.ANIF.INFO
TEL.: 0043 6246 72365
Der Gästeservice der Gemeinde Anif bietet eine Vielzahl an Hotels, Pensionen, Gasthöfen und Ferienwohnungen in allen Preiskategorien zur Auswahl – einfach

Schroffenau
Faistenau
Vordersee
Tiefbrunnau

C&M

C&M
ANIF
SCHNELLE ROUTE
ROMANTISCHE ROUTE

C&M
MONDSEE
ANIF
SCHNELLE ROUTE
ROMANTISCHE ROUTE
UNTERKÜNFTE
RÜCKMELDUNG

WEBER SHANDWICK

POPCORN DESIGN, London, United Kingdom DESIGN_Ross Gunter _ www.popcornbox.com

Invitation design for Weber Shandwick's 10th anniversary party. Foiled on GF Smith Colorplan Pristine White and Ebony and supplied with matching Ebony envelopes. Printed by Generation Press.

Diseño de la invitación para la fiesta del 10º aniversario de Weber Shandwick. Se laminó sobre el papel GF Smith Colorplan de color ébano y blanco prístino y se acompañó con sobres a juego, también, en color ébano. Impreso por Generation Press.

TOMOKO and KENNZO
POPCORN DESIGN, London, United Kingdom DESIGN_Mateusz Piekarski _ www.be.net/mateusz

Design of a typographic contemporary wedding invitation, appealing to both the young couple and guests alike. Using the typeface 'Neo Deco', the invitation was printed 1 colour (gold) on a 350gsm Fedrigoni Arcoprint board.

Diseño de una invitación de boda con una tipografía contemporánea, que gustara tanto a la joven pareja como a los invitados. Utilizando el tipo de letra «Neo Deco», la invitación se imprimió en color dorado sobre un papel grueso de 350 g de Fedrigoni Arcoprint.

MANUAL DE BODA
NOSOLOTINTA, Murcia, Spain DESIGN_Geni Motos _ www.nosolotinta.es

The wedding was held by the sea, at Cabo de Gata. Guests were all given a message in a bottle: the wedding booklet, explaining the unusual nature of this celebration attempting to flee monotony.

La boda se celebra en Cabo de Gata junto al mar. A cada invitado se le regala un mensaje en una botella: el manual de boda donde explica la particularidad de esta celebración en la que se pretende huir de la monotonía.

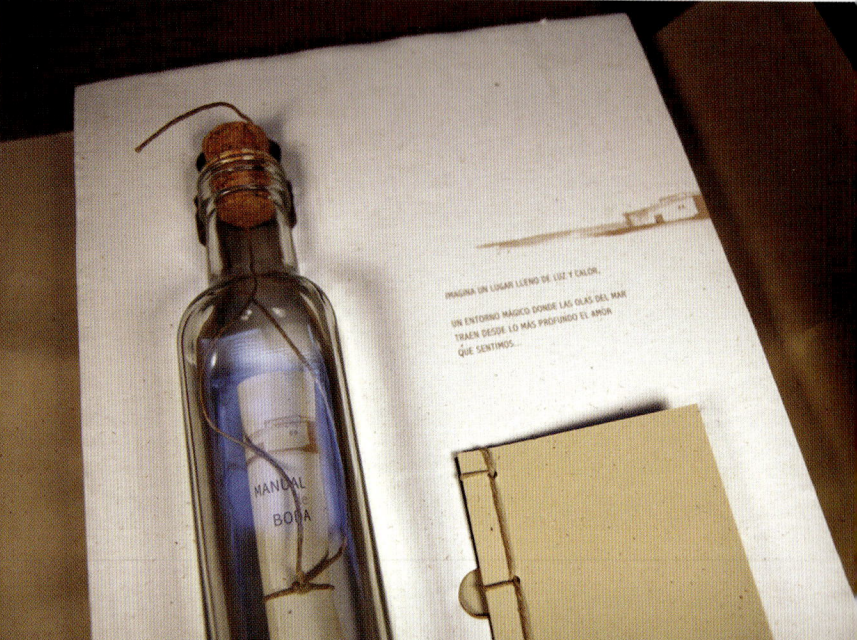

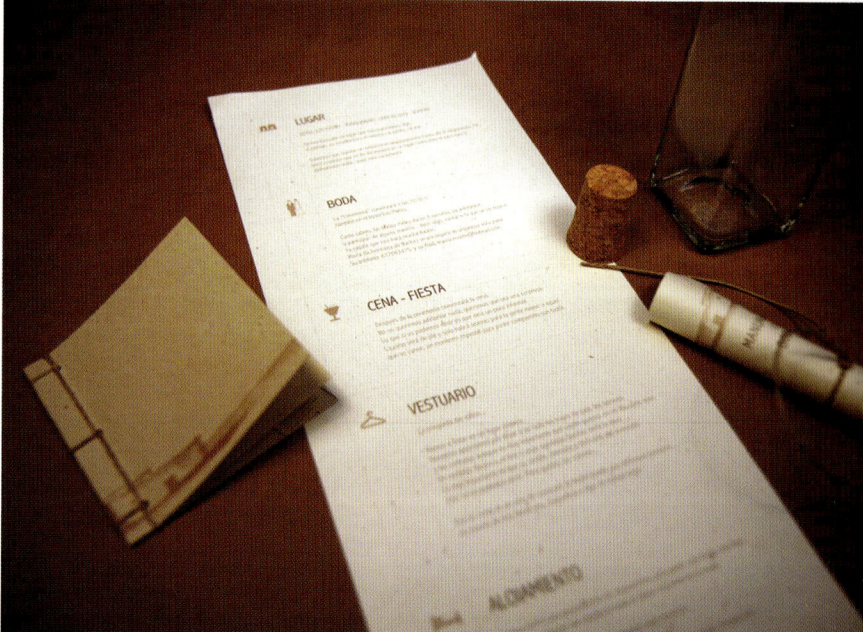

WEDDING Invitation
FRANCESCA PERANI ENTERPRISE, Bergamo, Italy DESGN_Francesca Perani _ www.francescaperani.com

Personalized wedding invitation for an unconventional couple. The fresh and immediate graphic design was applied to textured paper in keeping with the special occasion.

Invitación de boda personalizada para una pareja poco convencional. El diseño gráfico rápido e inmediato se aplicó sobre el papel texturizado para que armonizara con la ocasión especial.

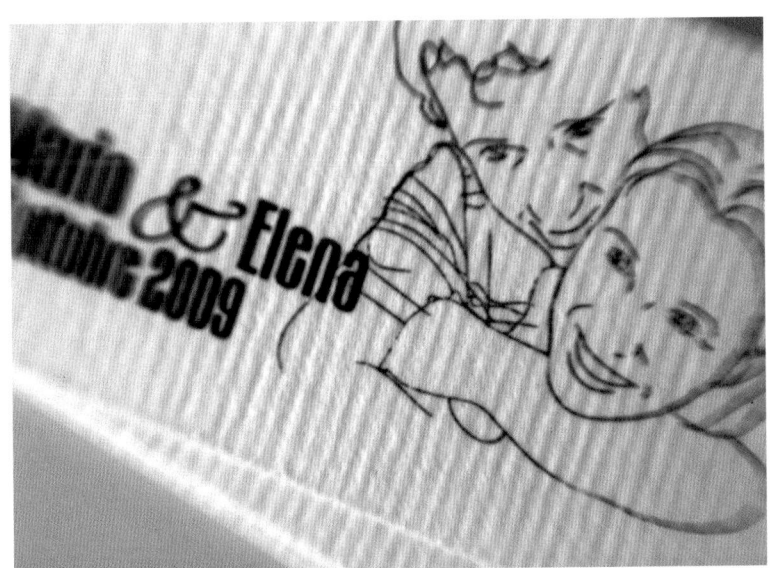

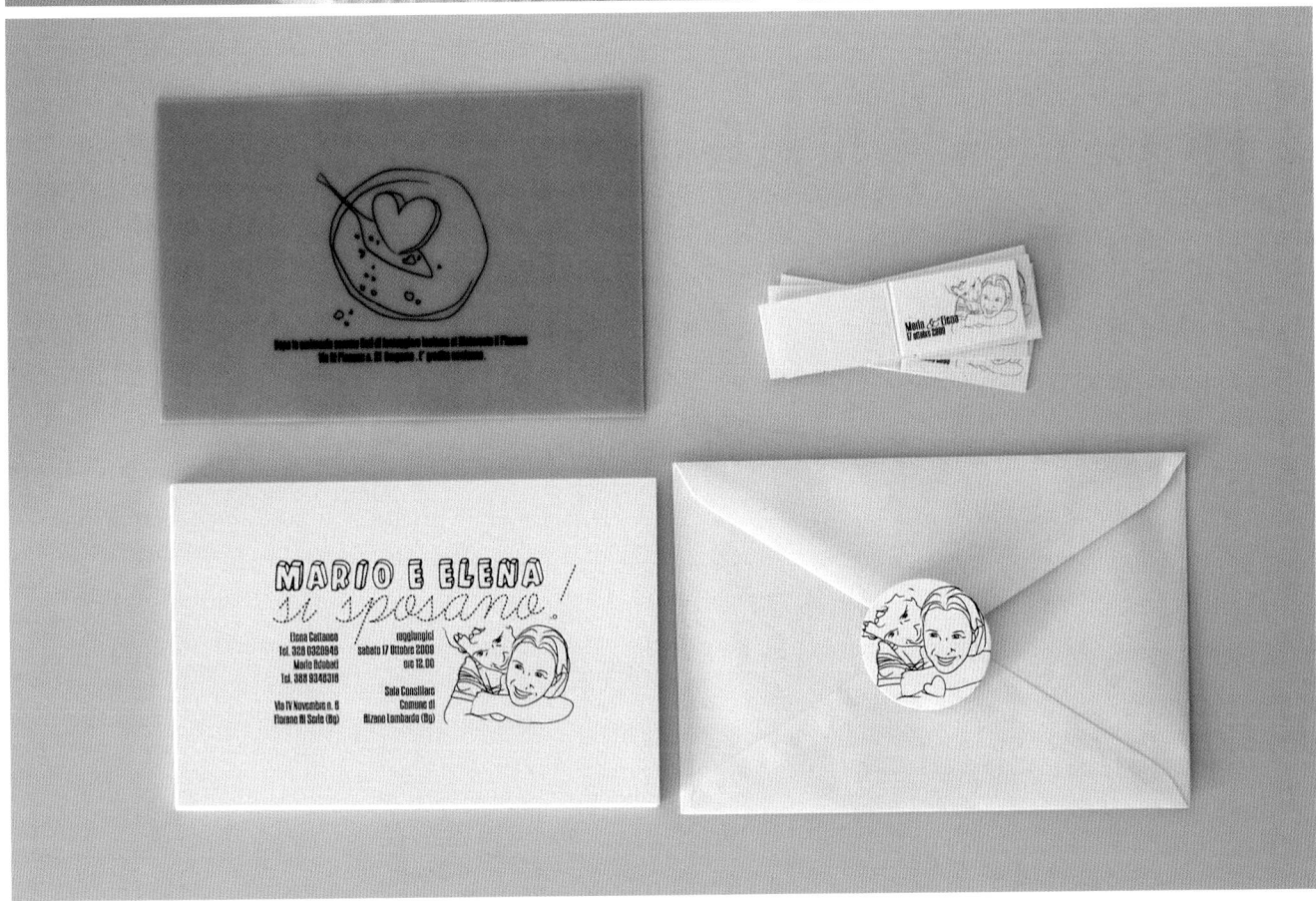

GET A TREE

THISISLOVE STUDIO, Lisboa, Portugal DESIGN_Joana Areal & Inês Veiga PHOTOGRAPHER_Thisislove Studio and Adriana Pacheco _ www.thisislove.pt

Christmas gift made especially for get a light. A limited edition object consisting in a postal package that contains a small vase cup, closed with a lid and filled with sand and pine seeds, and a leaflet with detail information about caring and maintaining Pines Trees and their "side effects".

Regalo de Navidad hecho expresamente para la empresa Get a light. Objeto de edición limitada que consiste en un paquete postal que contiene un pequeño vaso con tapa que está lleno de arena y semillas de pino. También viene con un folleto con información detallada sobre cómo cuidar y mantener los pinos y sus «efectos secundarios».

WE INVITE YOU TO

POPCORN DESIGN, London, United Kingdom DESIGN_Steve Wright _ www.popcornbox.com

Direct mailer for Popcorn inviting our clients to experience beautiful print process' which they don't often see. We chose letterpress as the process for the typographic designs, printed 1 colour on 600gsm Saunders 100% cotton stock.

Publicidad para Popcorn en la que invita a sus clientes a experimentar el hermoso proceso de impresión que no suelen ver. Para el proceso de los diseños tipográficos, se utilizó la impresión tipográfica en un solo color sobre un soporte 100% algodón de 600 g de Saunders.

FRÁGIL

GESTOCOMUNICACION, Huelva, Spain DESIGNER_David Robles _ www.gestocomunicacion.com

This invitation to the Cepsa Social Values award ceremony was sent inside a rectangular padded package with the word "FRAGILE" stamped on the outside. Along the same lines, the triptych leaflet inside displayed the Post Office stamp, on two sides, for fragile parcels, together with the usual plastic cover for packages.

Esta invitación a los Premios Cepsa al Valor Social se envió dentro de un paquete rectangular acolchado y con la palabra `FRÁGIL´ en su exterior, a modo de sello. Siguiendo en esta línea, el tríptico que transportaba reproducía en dos de sus caras la marca de Correos para los paquetes que requieren un cuidado especial, así como el dibujo del plástico protector típico de embalajes.

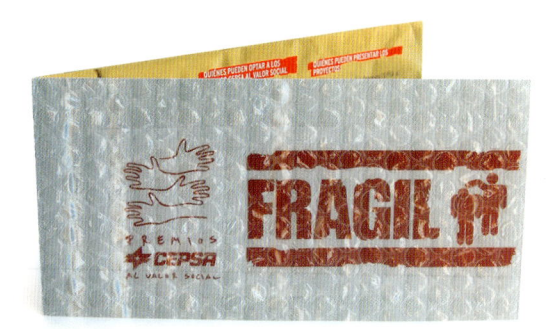

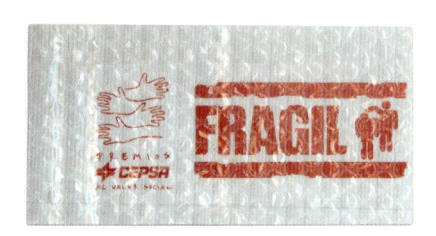

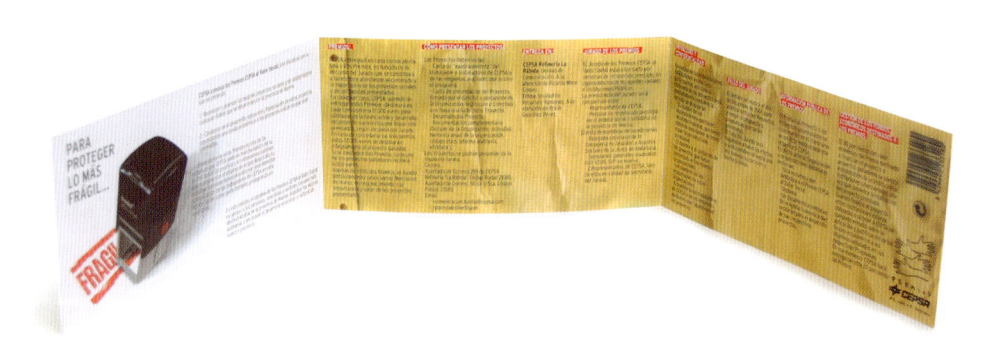

NME Awards VIP
POPCORN DESIGN, London, United Kingdom DESIGN_Mateusz Piekarski _ www.popcornbox.com

VIP invitation for the 2011 NME Awards. The invite involved us sourcing original 7" indie vinyls and overprinting the labels with bespoke stickers which detailed the events information.

Invitación VIP para los premios NME Awards 2011. La invitación se realizó con vinilos independientes originales de 7 pulgadas y las etiquetas se sobreimprimieron con pegatinas personalizadas donde se detallaba la información del evento.

REDOAK

MUSAWORKLAB, Lisbon, Portugal DESIGN_MusaWorkLab _ www.musaworklab.com

Invitation to present RedOak Spring/Summer Collection. RedOak it's an urban fashion brand inspired by nature, so we decided to use a wood texturized fine paper and mixed it with bright finishing red foil stamp to have an urban and fashionable attitude. A Polaroid style photo was framed in a red cover and sealed with a sticker.

Invitación para la presentación de la colección primavera-verano de RedOak. RedOak es una marca de moda urbana inspirada en la naturaleza, por lo que se decidió utilizar un papel fino con textura de madera y mezclarlo con un estampado en lámina en acabado rojo brillante con el fin de obtener una actitud urbana y moderna. Se enmarcó una foto de estilo Polaroid en una cubierta roja y se selló con una pegatina.

NICE TO MEET YOU
STUDIO RAQUEL QUEVEDO, Barcelona, Spain **DESIGN**_Raquel Quevedo _ www.raquelquevedo.com

The concept for my presentation card was create a good feeling with the other person, being kindly and sincere. The card/flyer invites to participate to the receive, with a code message. This message is clear, direct and kindly, and therefore, the present (a sweet) contributes to create a nice and memorable meeting.
The card was folding with an origami technique, so once unfolded it is difficult to fold again... maybe in the next meeting!

La idea de mi tarjeta de presentación era crear una buena impresión a la otra persona, siendo amable y sincera. La tarjeta o folleto invita al destinatario a participar con un mensaje en clave. Este mensaje es claro, directo y amable y, por consiguiente, el regalo (un caramelo) contribuye a crear un encuentro agradable e inolvidable. La tarjeta se dobló siguiendo la técnica de la papiroflexia, así que, una vez desplegada, es difícil volver a doblarla... ¡puede que en la siguiente reunión!

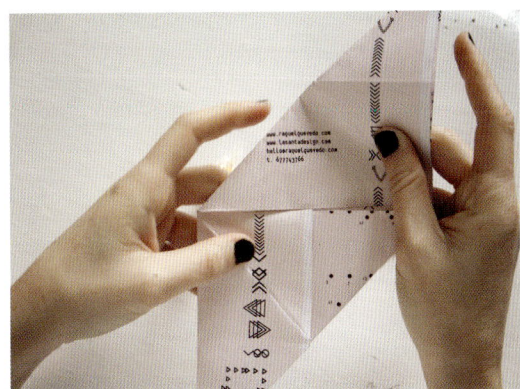

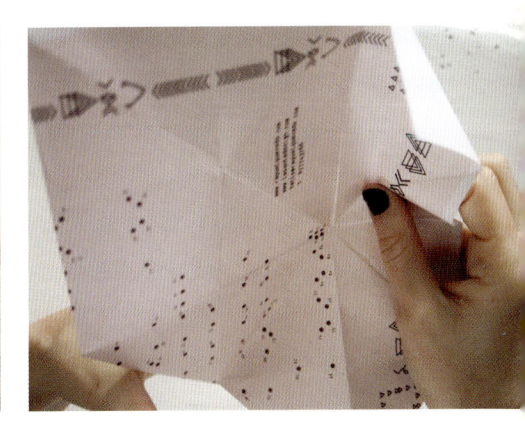

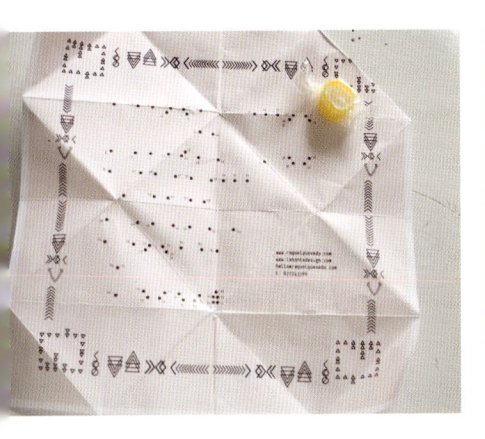

GET A TRIP

THISISLOVE STUDIO, Lisboa, Portugal DESIGN_Joana Areal PHOTOGRAPHER_Adriana Pacheco _ www.thisislove.pt

Voucher-Gift made especially for Get a Light's employees to take on a trip. A plastic bag sealed with a sticker contains three small bottles of plastic for personal hygiene products, in the quantities allowed in airplane trips, each labelled with an identifier sticker.

Cupón de regalo hecho, expresamente, para los trabajadores de Get a light para realizar un viaje. La bolsa de plástico sellada con una pegatina contiene tres botellitas de plástico para productos de higiene personal con las cantidades permitidas en los viajes de avión. Cada una está etiquetada con una pegatina identificadora.

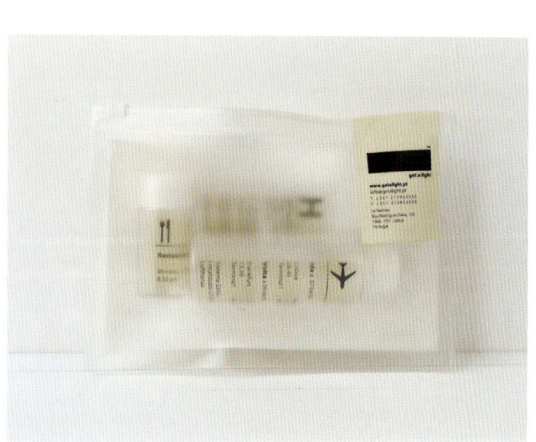

SEMF
LEIB UND SEELE GBR, Stuttgart, Germany DESIGN_Christian Vögtlin _ www.lsdk.de

SEMF (Stuttgart Electronic Music Festival). For the logo we adapted the Stuttgart Horse and amplify through a grid of points. The point stands for the beat, the essential component of electronic music. Implementation on Stickers, Flyers, Button, Posters and Invitations.

SEMF (Festival de Música Electrónica de Stuttgart). Para el logotipo, se adaptó el caballo del escudo de Stuttgart y se amplió mediante una cuadrícula de puntos. El punto representa el ritmo, el componente esencial de la música electrónica. También se aplicó en pegatinas, folletos, insignias, carteles e invitaciones.

25/09/09

GESTOCOMUNICACION, Huelva, Spain DESIGNER_David Robles _ www.gestocomunicacion.com

This wedding invitation was inside a square black envelope. Inside, a quinternion, also in black, displayed the date of the wedding on the cover. On the first page, a sequence of illustrations on either side gradually moved closer until united. The final pages displayed the invitation to the ceremony and a final illustration, the wedding rings.

En sobre negro cuadrado se presenta esta invitación de boda. En su interior, un cuadernillo, también negro, recoge la fecha del enlace en su cara frontal. Al abrirlo aparece una secuencia de dibujos de dos manos que se aproximan poco a poco hasta conseguir unirse. Las últimas páginas reproducen el texto de la convocatoria y otro dibujo, el de unas alianzas.

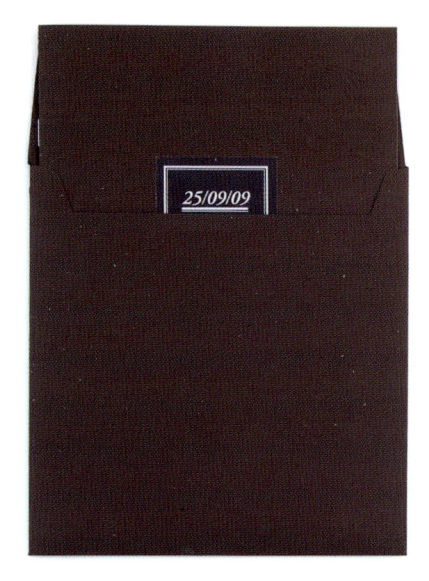

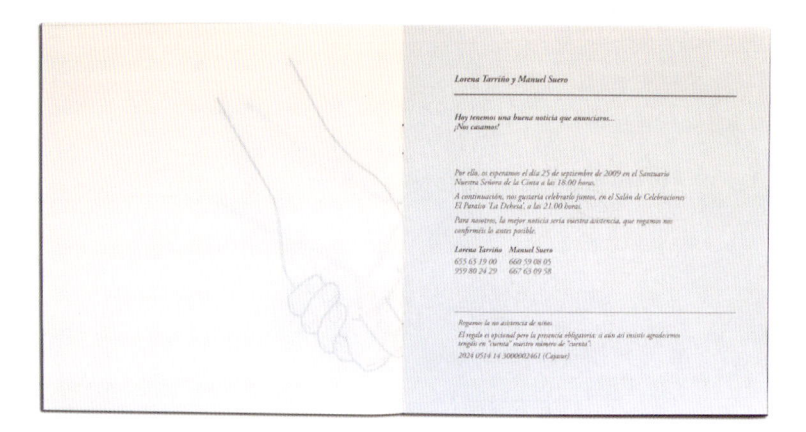

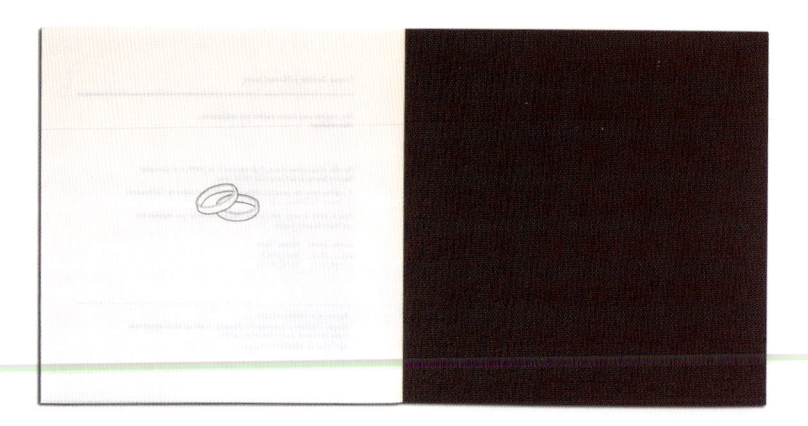

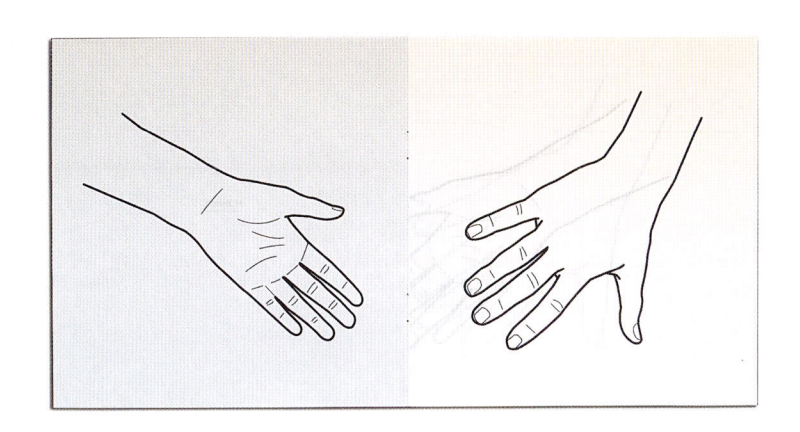

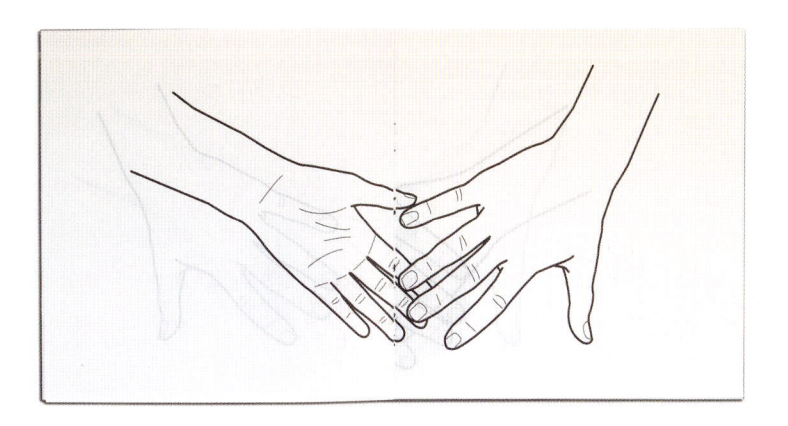

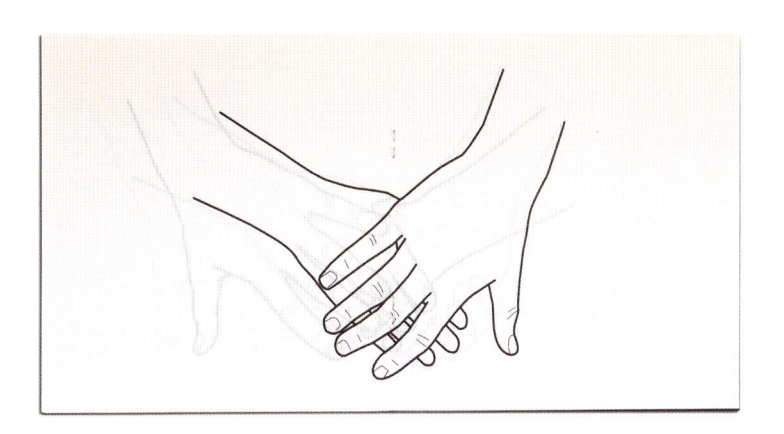

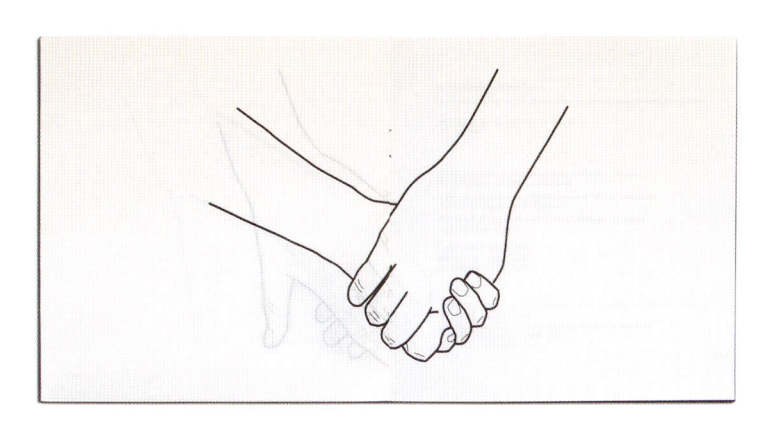

25/09/09

EUROTOWER 2

BUNCH, London, UK DESIGNER_Denis Kovac _ www.bunchdesign.com

750gsm, black card invitation designed to celebrate the second anniversary of the Zagreb skyscraper, Eurotower. The invite featured white foil embossing and a number '2' made out of the towers signature windows.

Tarjeta de invitación negra de 750 g diseñada para celebrar el segundo aniversario del rascacielos de Zagreb, el Eurotower. La invitación se caracteriza por un estampado en blanco y un número 2 formado por las emblemáticas ventanas del edificio.

GET A SUSHI

THISISLOVE STUDIO, Lisboa, Portugal **DESIGN**_Joana Areal & Inês Veiga **PHOTOGRAPHER**_Thisislove Studio and get a light™ _ www.thisislove.pt

Christmas gift made especially for get a light™.

Regalo de Navidad creado, especialmente, para la empresa Get a light™.

MISS SIXTY

MUSAWORKLAB, Lisbon, Portugal DESIGN_MusaWorkLab _ www.musaworklab.com

Invitation to present Miss Sixty Autumn/Winter Collection and Party under the concept "Love and Peace" with a 60's party attitude. We decide to design an invitation full of psychedelic colorful circles, holographic foil stamped messages and add a badge as a free-pass for the after party "Let's Party".

Invitación para la presentación de la colección otoño-invierno y la fiesta de Miss Sixty, que se basa en el concepto de «paz y amor» con una imagen de fiesta de los años 60. Se diseñó una invitación llena de círculos psicodélicos en colores vivos, mensajes estampados holográficamente y se incluyó una insignia para entrar gratis a la fiesta posterior «Let's Party» (Vámonos de fiesta).

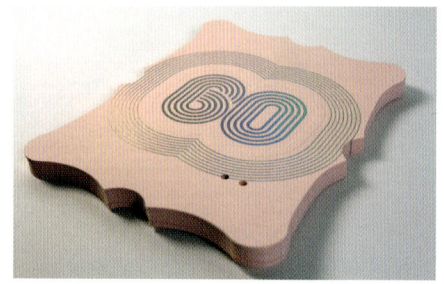

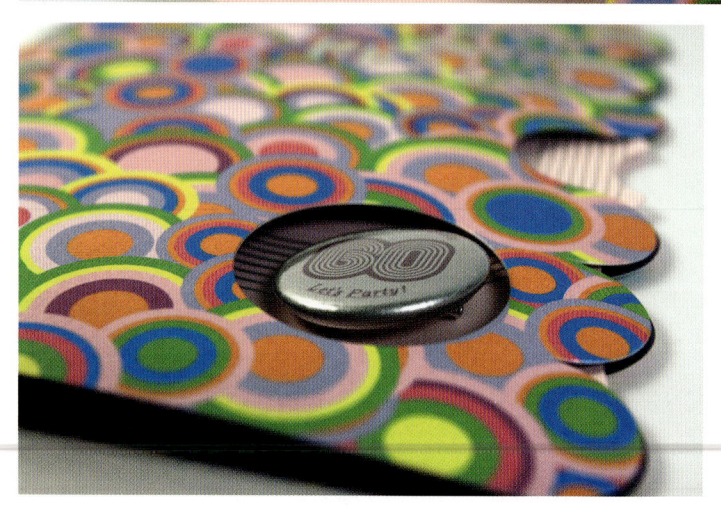

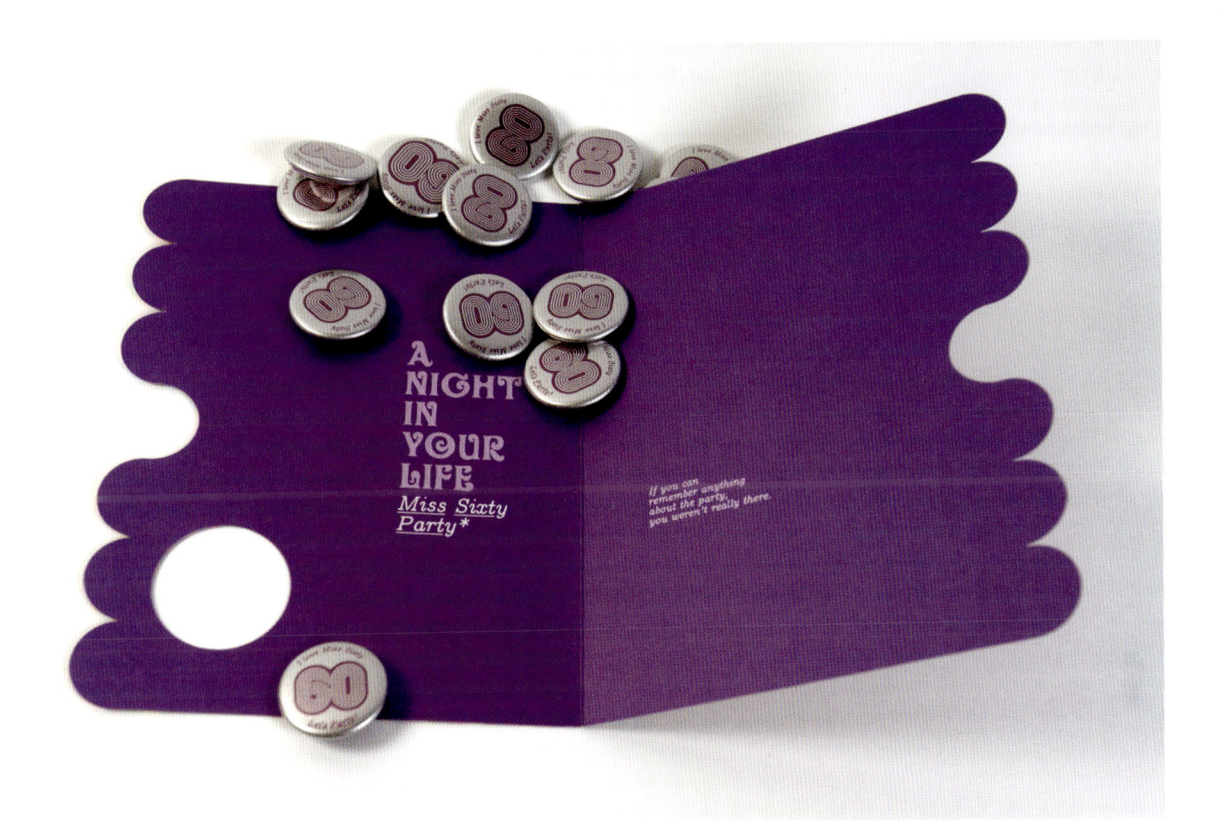

A NIGHT IN YOUR LIFE
Miss Sixty Party*

If you can remember anything about the party, you weren't really there.

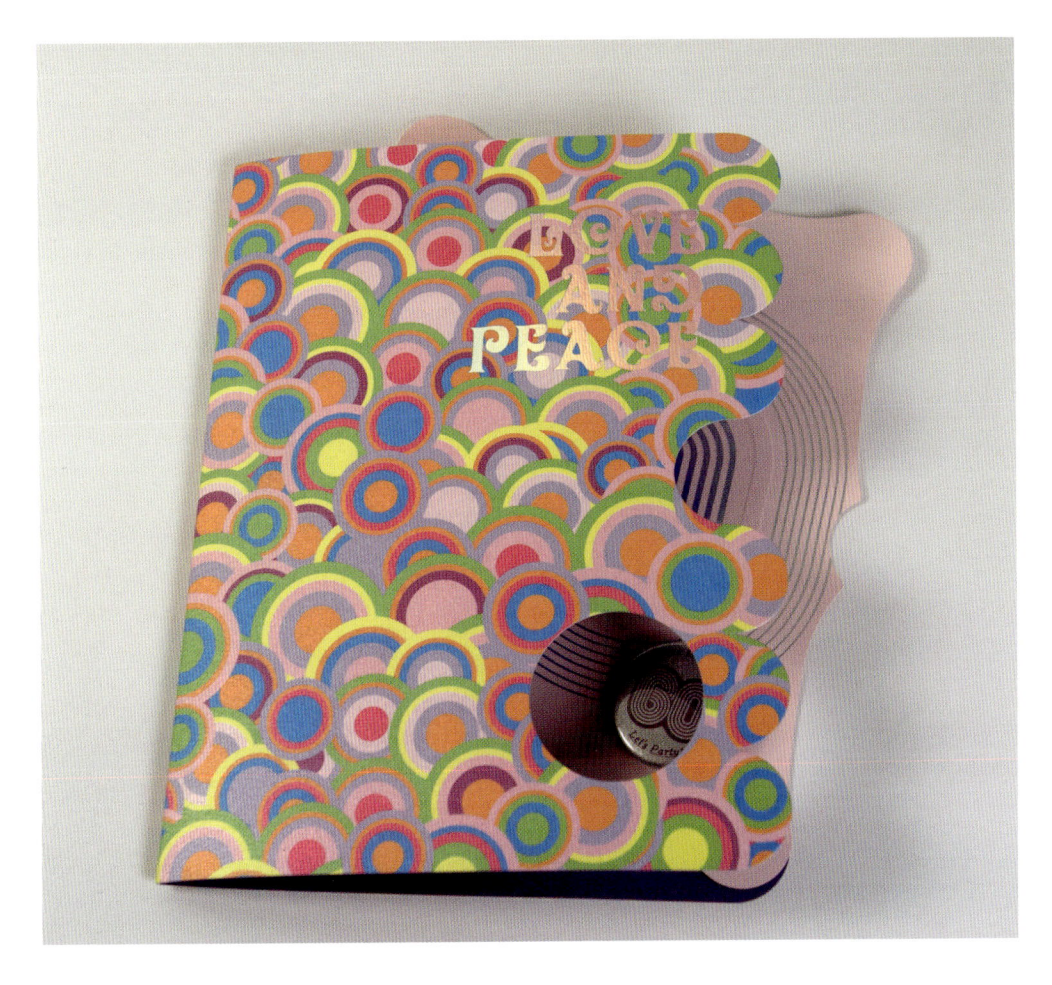

LOVE AND PEACE

IMAGINITOL

THE CREATIVE METHOD, Sydney, Australia CREATIVE DIRECTOR_Tony Ibbotson DESIGNERS_Mayra Monobe, Sinead McDevitt _ www.thecreativemethod.com

The brief was to create an interesting and engaging invitation to The Creative Method Xmas party. It needed to illustrate what we do but also create a high level of interest and anticipation for the party. It needed to be humorous and memorable. It was also required to work as a new business piece outside of the Christmas invitation. We based the idea on an imaginary pharmaceutical tablet that would solve their creative issues. Initially they were emailed a doctors prescription, followed by the package in a discrete paper bag. The invitation and the tablets were located inside. The party included staff dressed as doctors & medicinal shots administered by transvestites. The box and invitation are used as a new business teaser.

El encargo consistió en crear una invitación interesante y atractiva para la fiesta de Navidad de The Creative Method. Tenía que mostrar lo que hacemos pero, también, generar un alto nivel de interés e ilusión por la fiesta. Debía ser graciosa e inolvidable. Más allá de la invitación navideña, también debía funcionar como una nueva parte del negocio. La idea se basó en una pastilla farmacéutica imaginaria que solucionaría sus asuntos creativos. Primero, se les envió una receta médica, seguida del envase que iba dentro de una discreta bolsa de papel. La invitación y las pastillas se encontraban en el interior. La fiesta incluía al personal vestido de médicos y chupitos medicinales administrados por travestis. La caja y la invitación se utilizan como una nueva broma empresarial.

SHAKESPEARE Notebook
THISISLOVE STUDIO, Lisboa, Portugal DESIGN_**Joana Areal & Inês Veiga** PHOTOGRAPHER_**Thisislove Studio and Adriana Pacheco** _ www.thisislove.pt

Christmas gift made especially for get a light. It is a personal notebook where each page has a sentence spoken by a character in the work of William Shakespeare, containing the word "light".

Regalo navideño hecho, especialmente, para la empresa Get a light. Es un cuaderno personal y, en cada página, hay una frase dicha por algún personaje de las obras de William Shakespeare en la que aparece la palabra «luz».

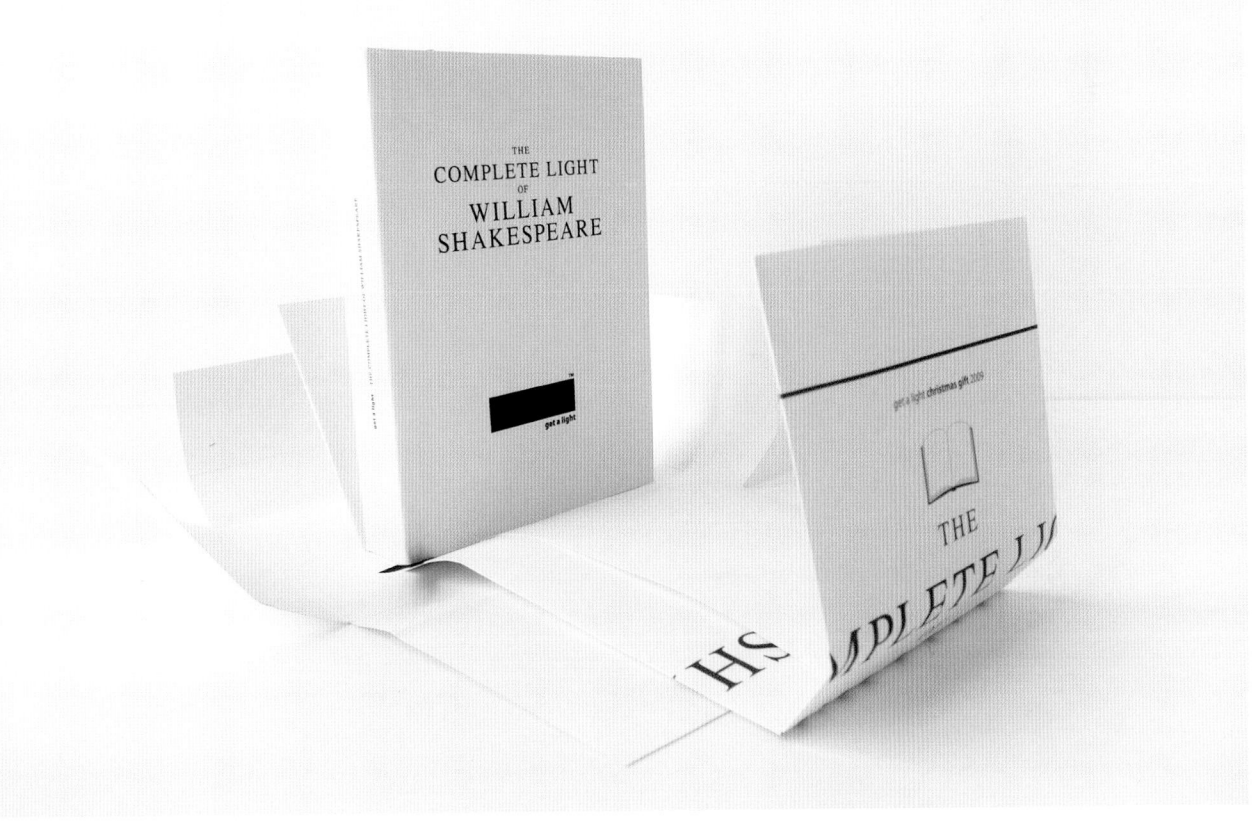

GET A LIGHT 2nd B-day

THISISLOVE STUDIO, Lisboa, Portugal DESIGN_Joana Areal & Inês Veiga PHOTOGRAPHER_Thisislove Studio _ www.thisislove.pt

Official invitation, microsite and wine label for get a light's 2 year anniversary event. 2 year's believing, 2 year's of process, 2 year's creating, 2 year's of lab, 2 year's building, 2 year's of lighting culture.

Invitación oficial, micrositio y etiqueta de vino para el segundo aniversario de la empresa Get a light. 2 años creyendo, 2 años de proceso, 2 años creando, 2 años de laboratorios, 2 años construyendo, 2 años de cultura iluminadora.

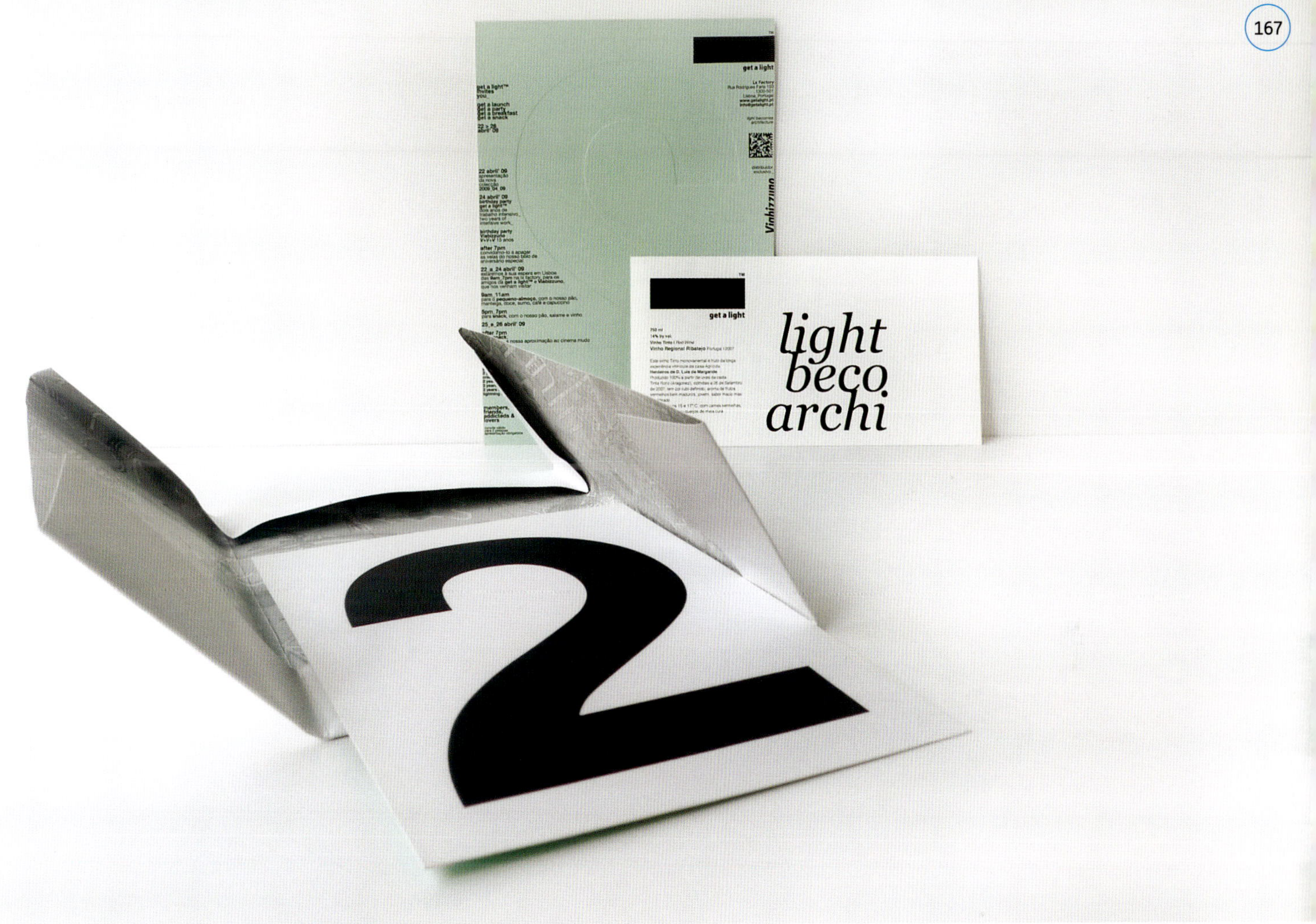

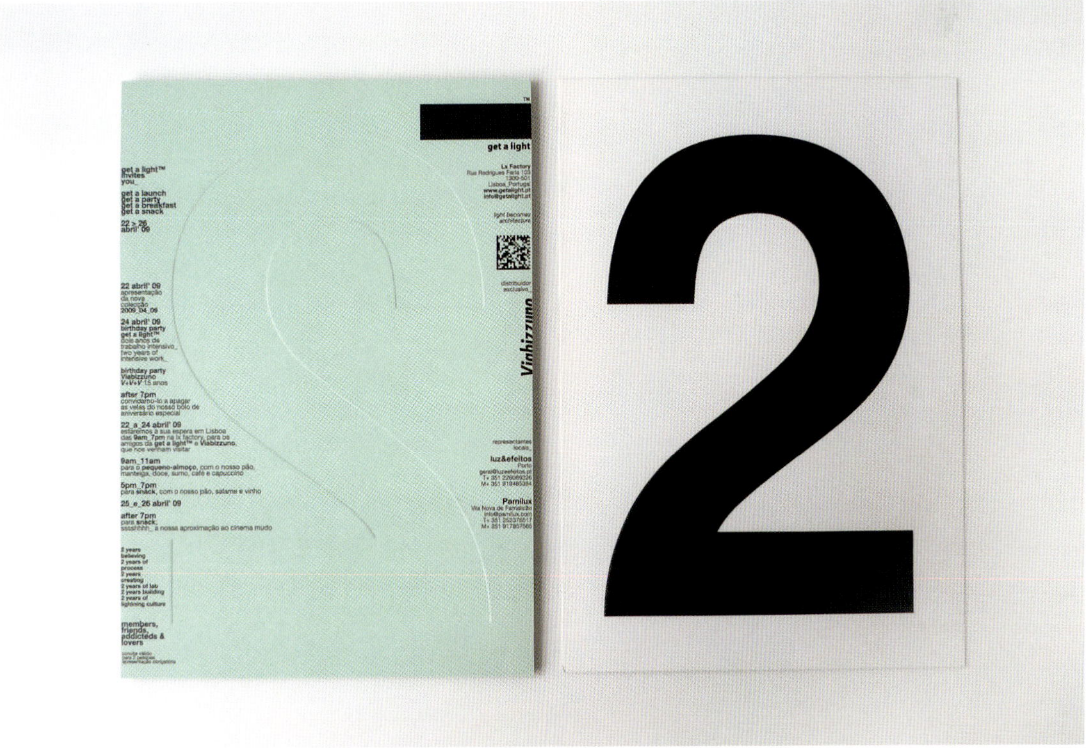

REVELATIONS Jaeger-le-Coultre
THISISLOVE STUDIO, Lisboa, Portugal DESIGN_Joana Areal PHOTOGRAPHER_Paulo Andrade _ www.thisislove.pt

Official invitation for Jaeger-Le Coultre's ceremony, celebrating the restoration of the Rua Augusta Arch's Clock. An interactive object that allows the construction of a paper tower, where the metaphor of wings reinforces the official ceremony's statement: The new ticking of the clock. It uses a wordplay between the ticking of the clock ("o bater das horas") and wings flapping ("o bater das asas").

Invitación oficial para la ceremonia de Jaeger-Le Coultre, en la que se celebra la restauración del reloj del Arco de la Rua Augusta. Objeto interactivo que permite construir una torre de papel y en el que la metáfora de las alas refuerza el comunicado de la ceremonia oficial: el nuevo tictac del reloj. Se usa un juego de palabras con el tictac del reloj (o bater das horas) y el batimiento de las alas (o bater das asas).

BARN DANCE
POPCORN DESIGN, London, United Kingdom DESIGN_Steve Wright _ www.popcornbox.com

Barn Dance invitation for the engagement of Marissa and Matt. Taking inspiration from classic nineteenth century posters gave us the opportunity to produce a timeless and purely typographic invitation. Printed on 200gsm Paperback Straw Cream Recycled paper, the client loved the larger format which meant the invitation could double up as a poster.

Invitación a un baile folclórico para el compromiso de Marissa y Matt. La inspiración en los clásicos carteles del siglo XIX les dio la oportunidad de producir una invitación intemporal y puramente tipográfica. Se imprimió en un papel reciclado de 200 g del tipo Paperback Straw Cream y al cliente le encantó el formato grande porque la invitación también se podía usar como póster.

VALENTINE'S Poster

MONIQUE KNEEPKENS, Amsterdam, The Netherlands DESIGN_Monique Kneepkens PHOTOGRAPHER_Florian Groehn RETOUCHING_Justin Overell MAKE-UP_Lily Fontana _ www.monswork.com

The idea was to, at this Valentine's Day, aim for the heart of those studios / agencies I love the most. Those creative directors received a parcel on Valentine's Day, containing a little Valentine's card, a dart and a double sided A3 poster. The card read the following poem; 'Your work is within my heart, I have travelled your every move, if the cause of the creative is to search, then the hunger is to prove'. The poster showed a guy on one side, a girl on the other side. Both show a target painted on their chest. If one puts the poster up, and uses the dart, one could really aim for the heart.

Como era San Valentín, la idea era llegar al corazón de los estudios y agencias que más me gustaban. Los directores creativos recibieron un paquete de San Valentín que contenía una tarjeta típica de la fecha, un dardo y un póster tamaño A3 a doble cara. La tarjeta contenía el siguiente poema: «Tu trabajo está en mi corazón, y he seguido todos tus movimientos; si el objetivo del creativo es la investigación, entonces no moriré en el intento». El poster mostraba, por un lado, a un chico y, por el otro, a una chica. Ambos tenían una diana dibujada en sus pechos. Si se cuelga el póster y se usa el dardo, entonces se puede llegar, realmente, al corazón.

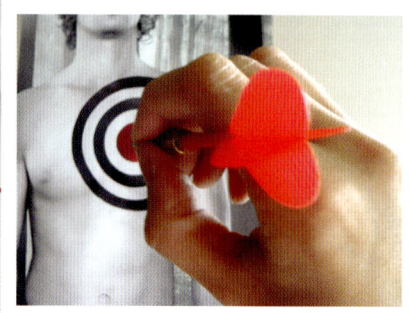

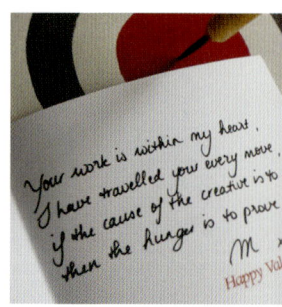

concept, art-direction & design by **Monique Kneepkens** > www.**monswork**.com III photography by **Florian Groehn** > www.**floriangroehn**.com III retouching by **Justin Overell** > www.**iondesign**.com.au III make-up by **Lily Fontana** > www.**lilyfontana**.com.au III models by **Dallys Models** > www.**dallysmodels**.com

ROOMSERVICE Invitation
LEIB UND SEELE GBR, Stuttgart, Germany DESIGN_Christian Vögtlin COPYWRITER_Sergej Grusdew _ www.lsdk.de

Invitation for the 1st Anniversary of the weekly Event „Roomservice212". Using the events corporate design, we created a door hanger (1000 to be true) and a very unique stamper with puckered lips to express the love of the bar to its customers.

Invitación para el primer aniversario del acto semanal Roomservice212. Utilizando el diseño corporativo del evento, se creó un cartel colgante para puertas (en realidad fueron 1000) con un estampado muy especial en el que aparecían unos labios fruncidos para que el bar expresara su amor por sus clientes.

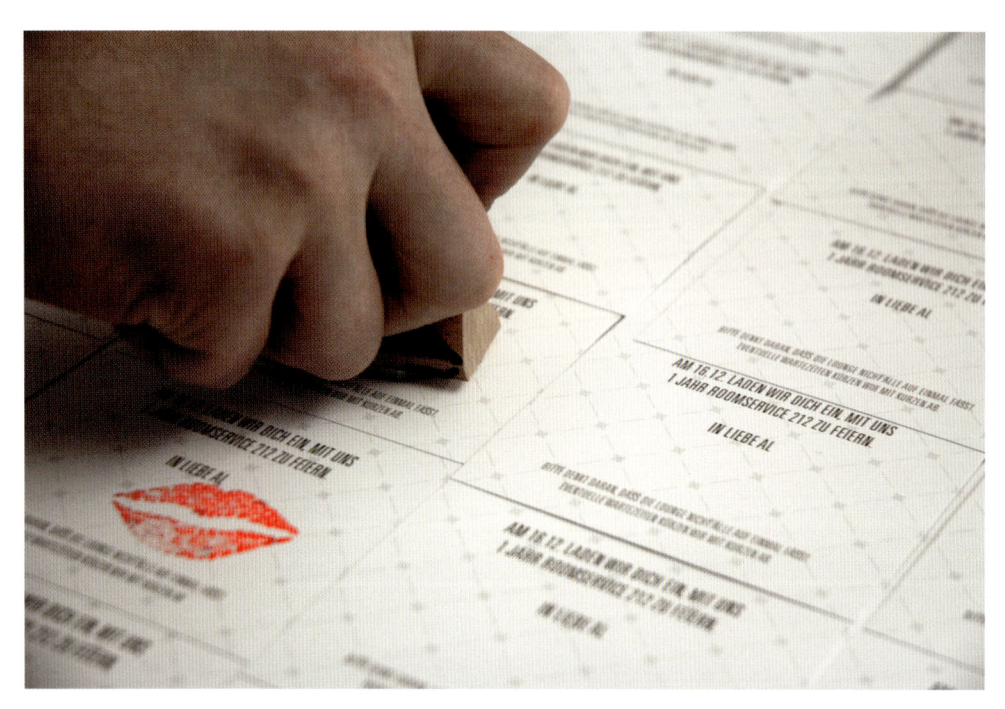

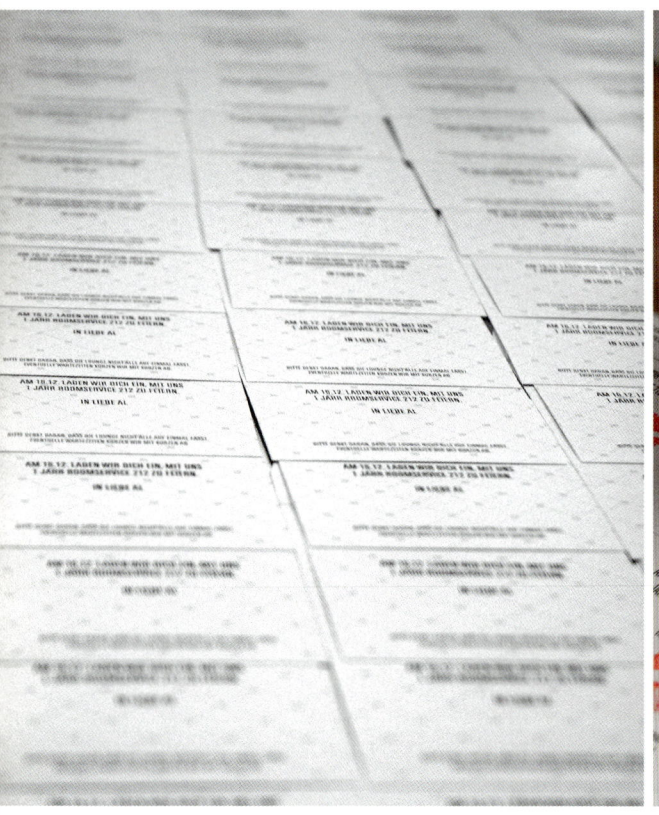

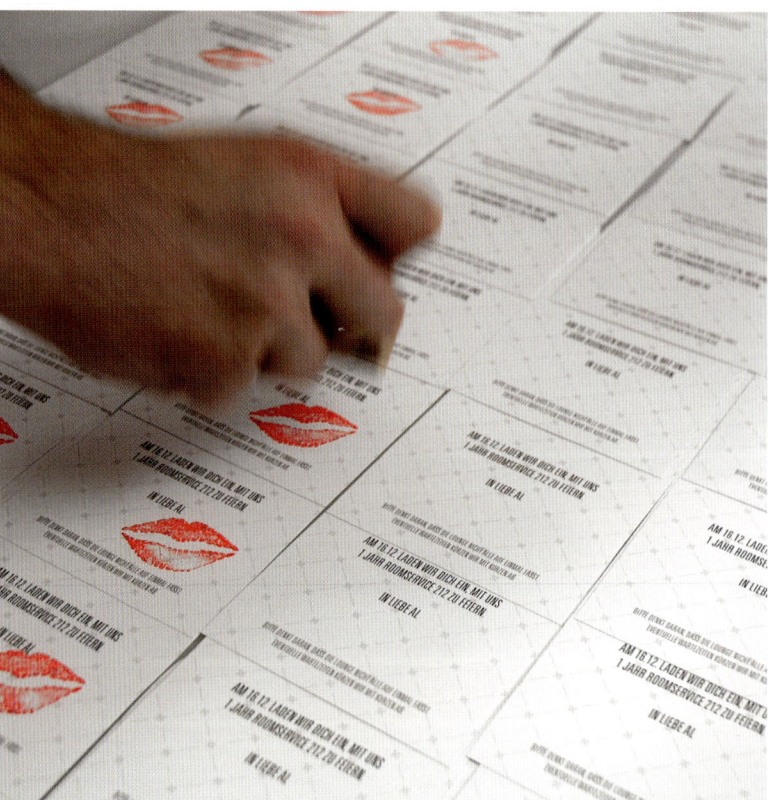

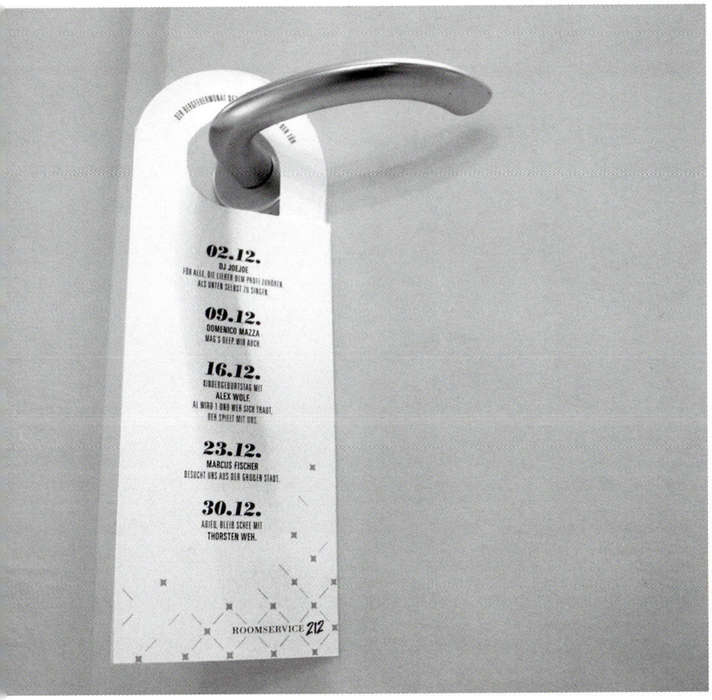
02.12.
DJ JOEJOE
FÜR ALLE, DIE LIEBER DEM PROFI ZUHÖREN, ALS UNTEN SELBST ZU SINGEN.
09.12.
DOMENICO MAZZA
MAG'S DEEP. WIR AUCH.
16.12.
KINDERGEBURTSTAG MIT
ALEX WOLF.
AL WIRD 1 UND WER SICH TRAUT, DER SPIELT MIT UNS.
23.12.
MARCUS FISCHER
BESUCHT UNS AUS DER GROßEN STADT.
30.12.
ADIEU, BLEIB SCHEE MIT
THORSTEN WEH.
ROOMSERVICE 212

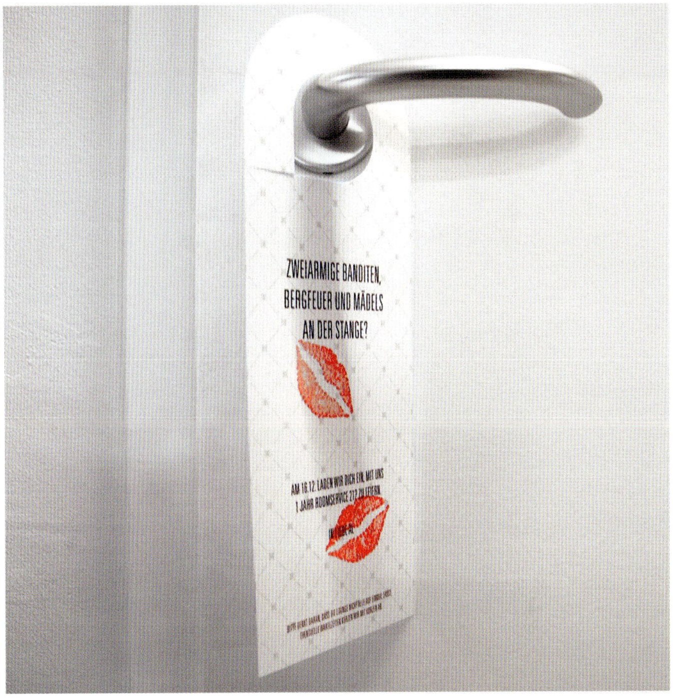
ZWEIARMIGE BANDITEN, BERGFEUER UND MÄDELS AN DER STANGE?
AM 16.12. LADEN WIR DICH EIN, MIT UNS 1 JAHR ROOMSERVICE 212 ZU FEIERN.

AM 16.12. LADEN WIR DICH EIN, MIT UNS 1 JAHR ROOMSERVICE 212 ZU FEIERN.
IN LIEBE AL
BITTE DENKT DARAN, DASS DIE LOUNGE NICHT ALLE AUF EINMAL FASST. EVENTUELLE WARTEZEITEN KÜRZEN WIR MIT KURZEN AB.

HUGO & MAVIS Wedding Invitation
STUDIO GARY CHEW, Perak, Malaysia **DESIGN**_Gary Chew _ www.garychew.net

A logo and invitation card design requested by a couple - Hugo & Mavis. Design concept based on the name of the couple. Two ?m? Joint together to form ?H?. As they requested romatic and classy look for the logo, classic ornament element been added to the logo.
As for the wedding card, the theme for the card is inspired by a meaningful chinese adage. The adage meant Two birds flying together with love - lovely couple. So my idea is to put two fethers which represent two birds - the wedding couple and present the meaning of the adage. The couple parents is conservative, so they don?t like white (as in white is more to funeral color. To fulfilled the couple?s dream while satisfied their parents qualification, two different colors were used, which is white and Bronze. The card filled with ornament watermark with gold and embossed logo on the cover, which made the whole card look classy and expensive.

Diseño de un logo y una tarjeta de invitación encargados por Hugo y Mavis. El concepto del diseño se basó en los nombres de la pareja: dos emes que unidas forman una hache. Como buscaban un toque elegante y romántico, se añadió al logo un elemento decorativo clásico.
En cuanto a la invitación de boda, el tema se inspiró en un significativo refrán chino. Su significado era «dos pájaros volando juntos por amor», una pareja encantadora. Así que mi idea fue poner dos plumas que representaran dos pájaros: la pareja de novios y el significado del refrán. Los padres de la pareja son tradicionales, por lo que no les gusta el color blanco, ya que es el color para los funerales. Para hacer realidad el sueño de los novios, a la vez que cumplía con el requisito de los padres, utilicé dos colores: el blanco y el bronce. La tarjeta se completó con una filigrana del logo estampado en color dorado en la cubierta, que daba un aspecto elegante y caro a toda la tarjeta.

CHRISTMAS CARD
STUDIO ALEXANDER BLUCHER, Moscow, Russia DESIGN_Alexander Blucher ILLUSTRATOR_Yulja Blucher _ www.alexanderblucher.com

Christmas greeting card and envelope design for Moscow based. Development company "Forum Properties". Screen print on stock paper for card. Offset print on stock paper for envelopes.

Diseño de una tarjeta de felicitación navideña y su sobre para la sede de Moscú de la empresa de desarrollo Forum Properties. Para la tarjeta, se realizó una impresión en serigrafía sobre cartulina. Para los sobres, se utilizó el método de impresión offset sobre cartulina.

EIGENE AUSSENDUNG
LEIB UND SEELE GBR, Stuttgart, Germany DESIGN_Christian Vögtlin COPYWRITER_Sergej Grusdew _ www.lsdk.de

We love handcrafting. Creating a „message in a bottle" as the invitiation to the celebration of our new bureau in Stuttgart-West. Mirroring the main colours of the rooms, we took a black clear lacquer, which drifted on each bottles exterior into a unique invitation.

Nos encanta la artesanía. Se creó un «mensaje en una botella» como invitación para la celebración de la nueva oficina en el oeste de Stuttgart. Para reflejar los principales colores de las salas, se eligió un esmalte negro que convertía el exterior de todas las botellas en una invitación única.

leibundseele präsentiert

75a

Das sind genau 6 Kilometer quer durch die Stadt und ungefähr ein Jahr an Entwicklung. Zusammen ergibt das einen ausgezeichneten Grund, so richtig zu feiern.
Am 13.11.2010 freuen wir uns, Sie ab 15.00 Uhr in unseren neuen Büroräumen begrüßen zu dürfen.

gablenberger hauptstraße 161
libanonstraße
wagenburgstraße
ameisenbergstraße
gerokstraße
haußmannstraße
alexanderstraße
charlottenstraße
schloßstraße
bebelstraße 75a

WEDDING Invitation

FRANCESCA PERANI ENTERPRISE, Bergamo, Italy DESCRIPTION_Francesca Perani _ www.francescaperani.com

The Use of illustration encourages the viewer to change the traditional perception about italianweddings.

El uso de la ilustración hace que el que la vea cambie la percepción tradicional de las bodas italianas.

We are going to get married!

FP & FP

fabrizio parodi   francesca perani

4 settembre 2010

ore 11.00 Santuario della Concezione
Albino (Bg) Italy

---

fabrizio parodi
corso svizzera 185bis
10149 Torino
tel. 338 4195644
parfabrizio@gmail.com

francesca perani
via cappuccini 3
24021 Albino (Bg)
tel. 339 4684956
francescaperani@gmail.com

HELSINKI DAY Invitation
JOHNDOE CREATIVE AGENCY, Helsinki, Finland DESIGN_Tuukka Koivisto _ www.JohnDoe.fi

We were asked to design an invitation and signage system for the Helsinki Day at the Helsinki City Hall. The invitation consisted of three parts: an envelope and a duplex inside, which created the vivid effect desired.

Se encargó el diseño de una invitación y un sistema de señalización para el día de Helsinki en el Helsinki City Hall. La invitación consistía en tres partes: un sobre y una impresión a doble cara en su interior, que creaban el efecto vivo deseado.

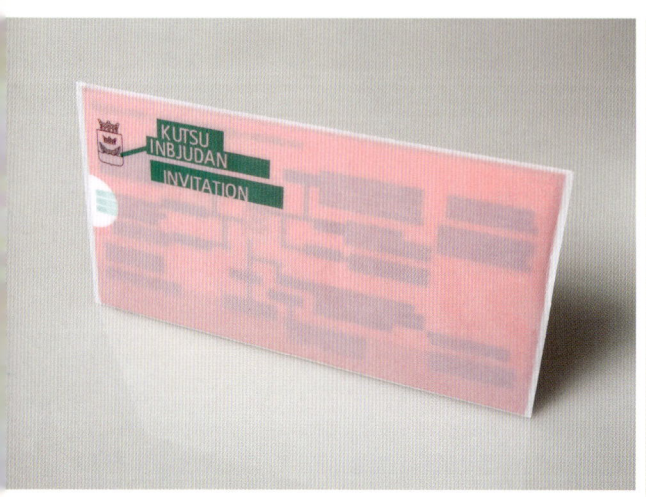

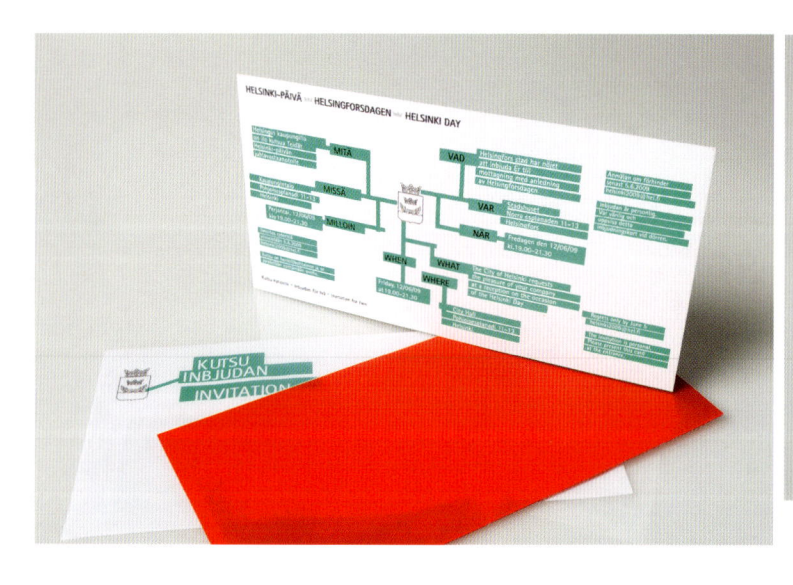

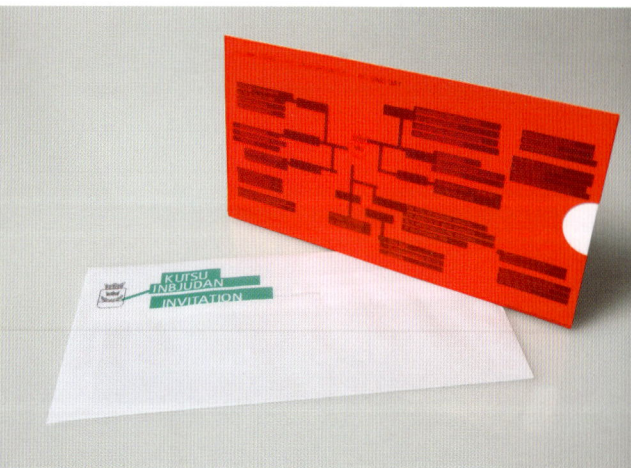

181

SUITE MITARBEITER

LEIB UND SEELE GBR, Stuttgart, Germany DESIGN_Christian Vögtlin COPYWRITER_Sergej Grusdew _ www.lsdk.de

Ahead of the public celebration, the famous Stuttgart Bar „Suite212" summoned all active and former employees in order to celebrate the 10th anniversary. Hot foil was being used for the Capitals, the geometrical lines are minitypo (just the whole text in repetition).

Antes de la celebración pública, el famoso bar de Stuttgart Suite212 invitó a todos sus antiguos y actuales trabajadores para celebrar su 10º aniversario. Se empleó el estampado de lámina para las mayúsculas y las líneas geométricas son pequeñas erratas (simplemente, se repite todo el texto).

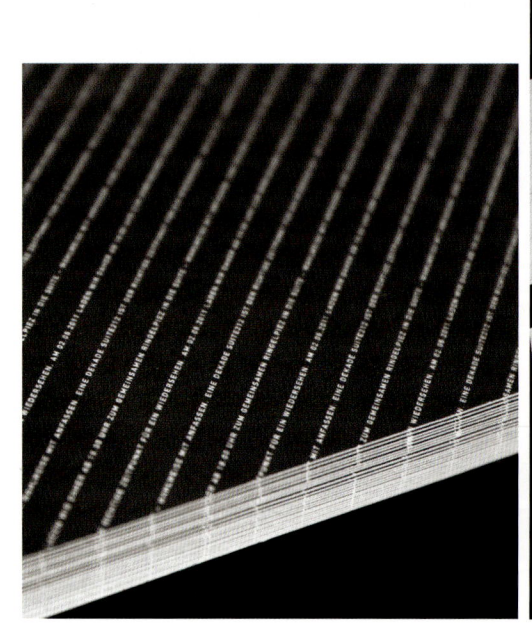

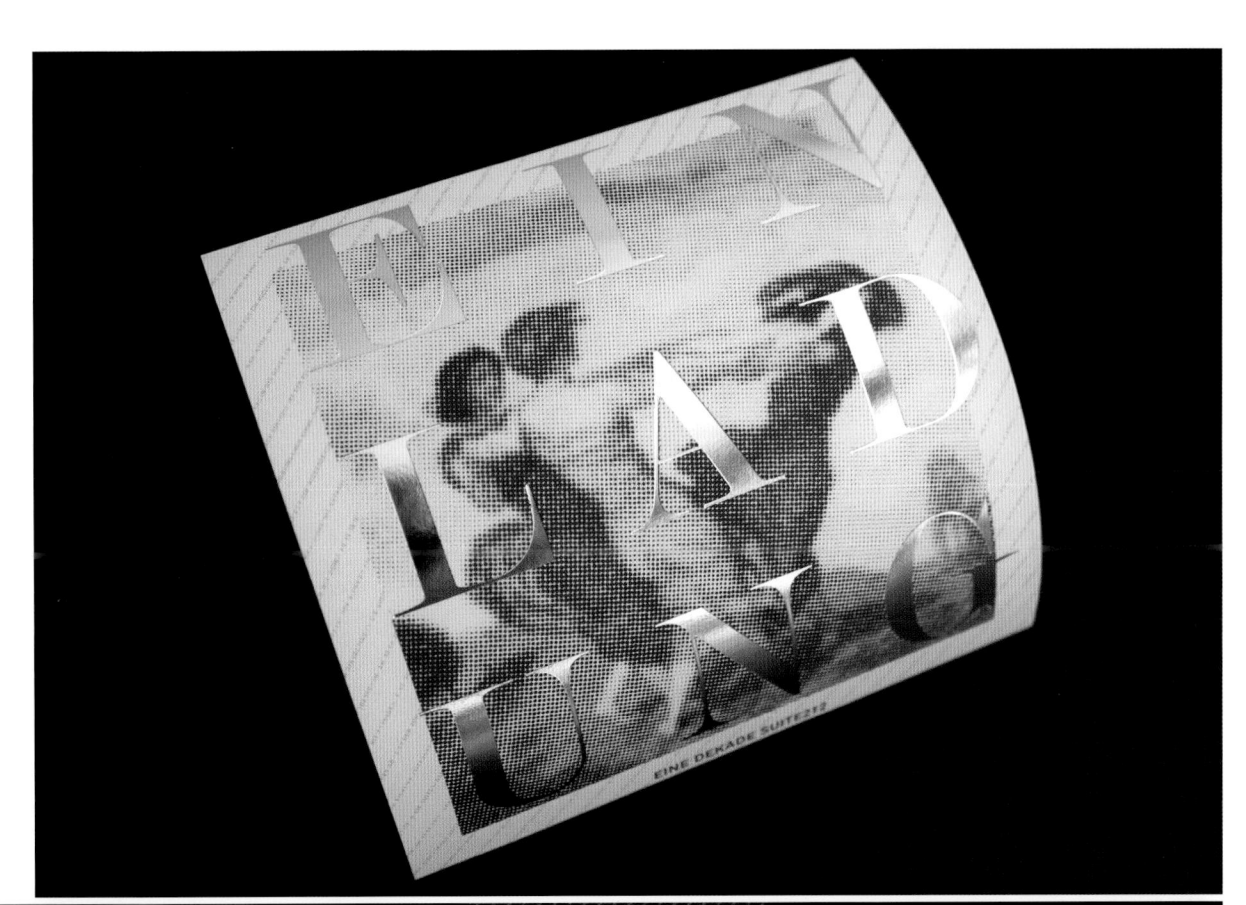

EINE DEKADE SUITE212
IST DER RICHTIGE ZEITPUNKT
FÜR EIN WIEDERSEHEN.
—
AM 02.06.2011 LADEN WIR DAHER
AB 19.00 UHR ZUM GEMEINSAMEN
RINGELPIEZ IN DIE SUITE –
WAHLWEISE MIT ANFASSEN.

ANMELDUNG PER MAIL AN: EVENT@SUITE212.ORG

STEVEN & KARY Wedding Invitation
STUDIO GARY CHEW, Perak, Malaysia DESIGN_Gary Chew _ www.garychew.net

This is a project that i have did for Steven and Kary. A monogram with the combination of the couple's name initial with some old english elements touch. So the theme for the card is inspired by a meaningful chinese adage. The adage meant Two birds flying together with love - The love birds. I have inspire by Origami. So I have chosen swan to represent the love bird and sticked it in the inner page. When we open the card, the swans will poped out beautifully. It's kind of challenging as in a lot of hand work involved. But it's worth when u see the happy smile on the couple when they got the card.

Este es un proyecto que he hecho para Steven y Kary. Un monograma con la combinación de las iniciales de los nombres de la pareja con algún toque de elementos del inglés antiguo. La temática de la tarjeta está inspirada en un significativo refrán chino. Éste quiere decir «dos pájaros volando juntos con amor» o «los pájaros del amor». Me inspiré en la papiroflexia, así que escogí el cisne para representar el pájaro del amor y lo enganché en la parte interior. Al abrir la tarjeta, los cisnes aparecen elegantemente. Es todo un desafío porque implica mucho trabajo manual, pero vale la pena ver la feliz sonrisa de la pareja cuando tienen la tarjeta.

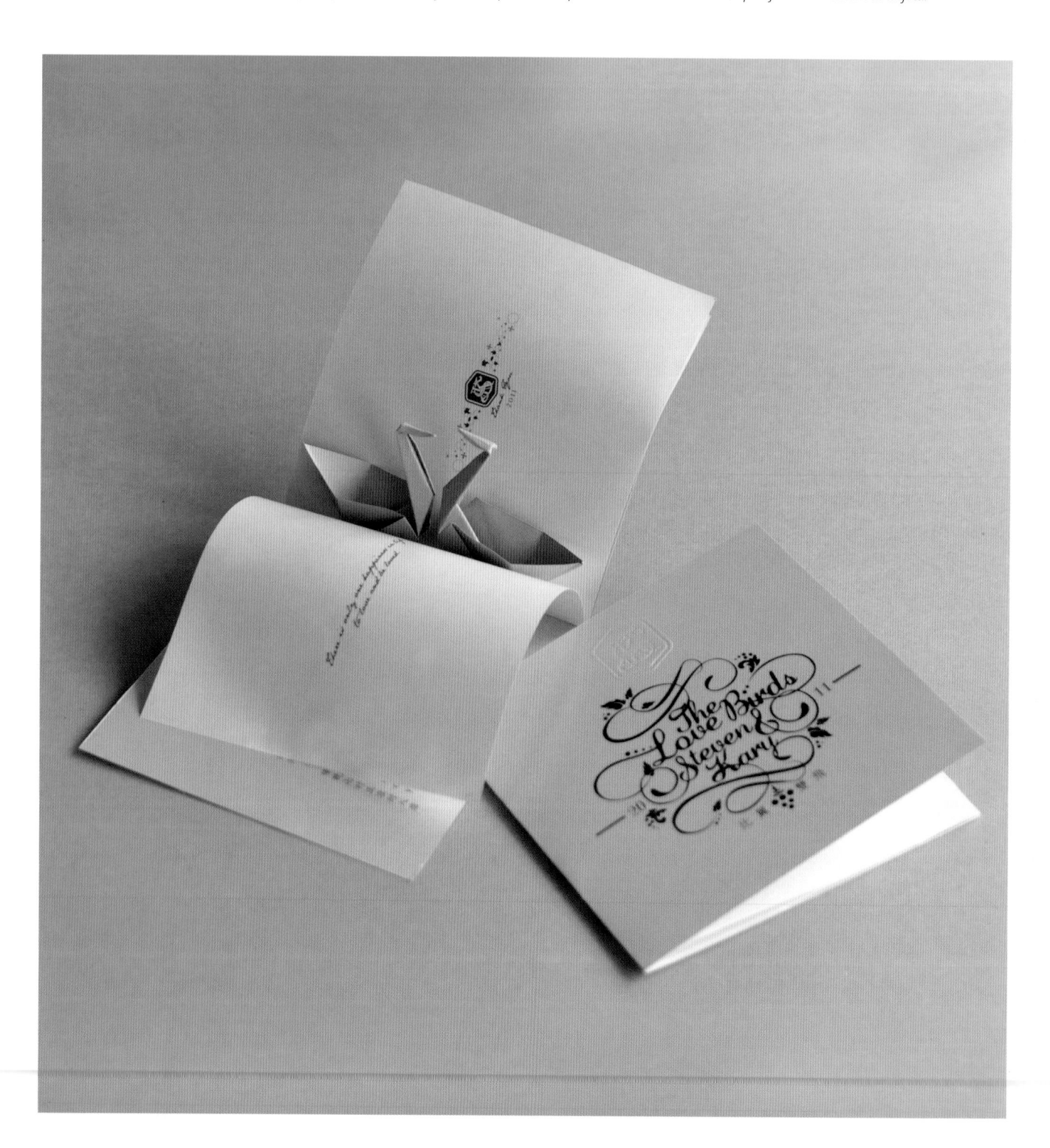

BELMACZ Invites
MIND DESIGN, London, UK CREATIVE DIRECTOR Holger Jacobs _ www.minddesign.co.uk

Two invites for the London based jewellry company Belmacz. Both invites use the custom-made font 'Muggenburg Grotesk' which relates to typical Bauhaus shapes such as circles, squares and triangles.

Dos invitaciones para la sede en Londres de la empresa de joyas Belmacz. Ambas invitaciones emplean el tipo de fuente personalizada «Muggenburg Grotesk» que está relacionada con las típicas formas de la Bauhaus, como círculos, cuadrados y triángulos.

RIBBONESIA

COMMUNE, Sapporo, Japan ARTIST_Baku Maeda CREATIVE DIRECTOR_Toru Yoshikawa ART DIRECTOR & DESIGN_Ryo Ueda PHOTOGRAPHER_Kei Furus
www.commune-inc.jp

Created by artist and illustrator 'BAKU' Maeda, RIBBONESIA is an art project that weaves ribbon into animal shapes. In the beginning of 2011, RIBBONESIA chose one of the world's most popular animals, the sea lion, to help express the project's charm to fans. The "Sea lion show" was reproduced as a greeting card.

Creado por el artista e ilustrador Baku Maeda, Ribbonesia es un proyecto artístico que crea formas de animales con lazos. A principios del 2011, Ribbonesia eligió uno de los animales más conocidos del mundo, el león marino, para ayudar a expresar el encanto del proyecto a sus seguidores. El «Sea lion show» (El espectáculo del león marino) se reprodujo como una tarjeta de felicitación.

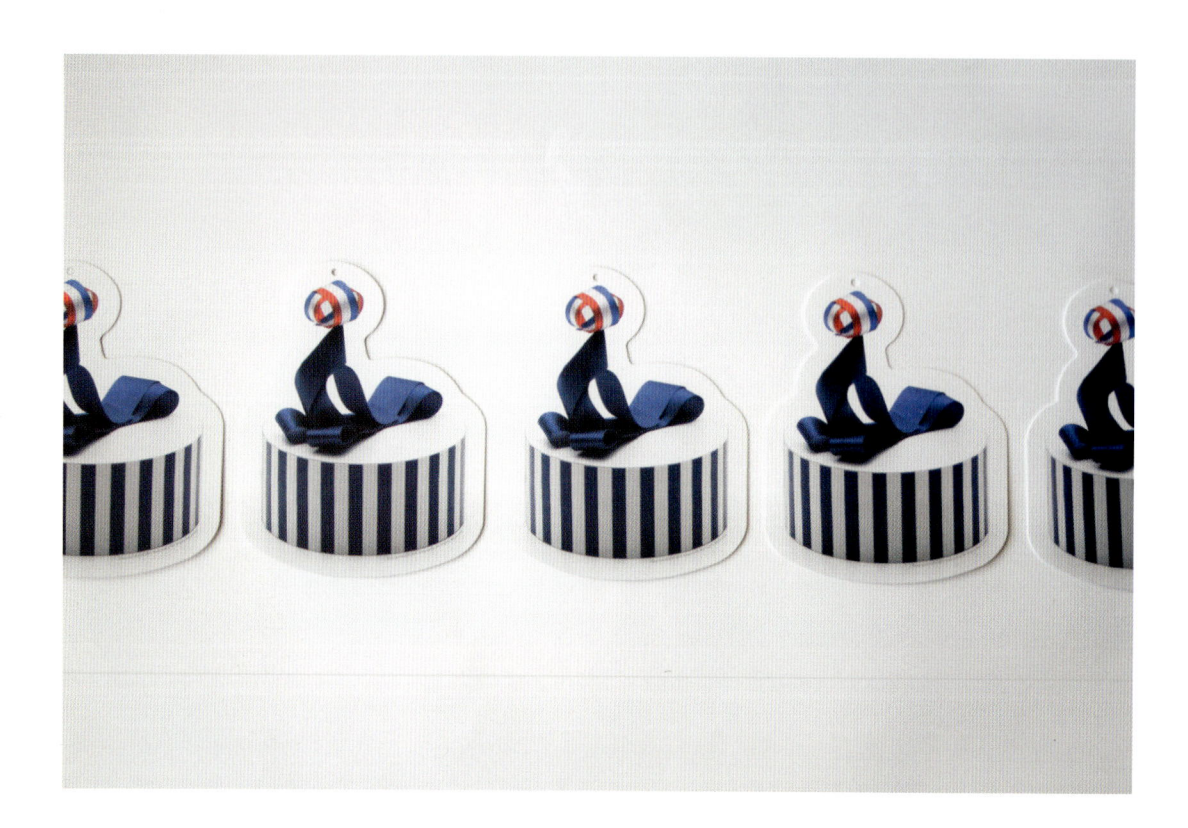

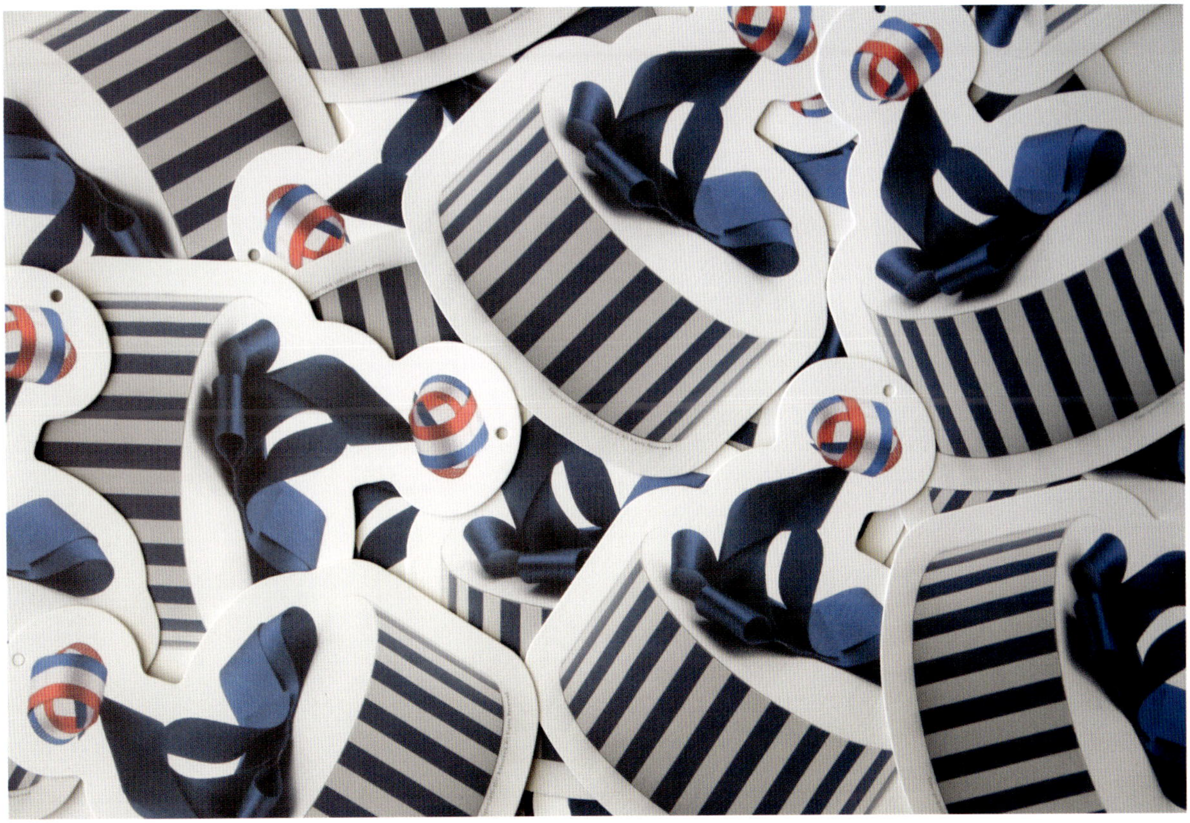

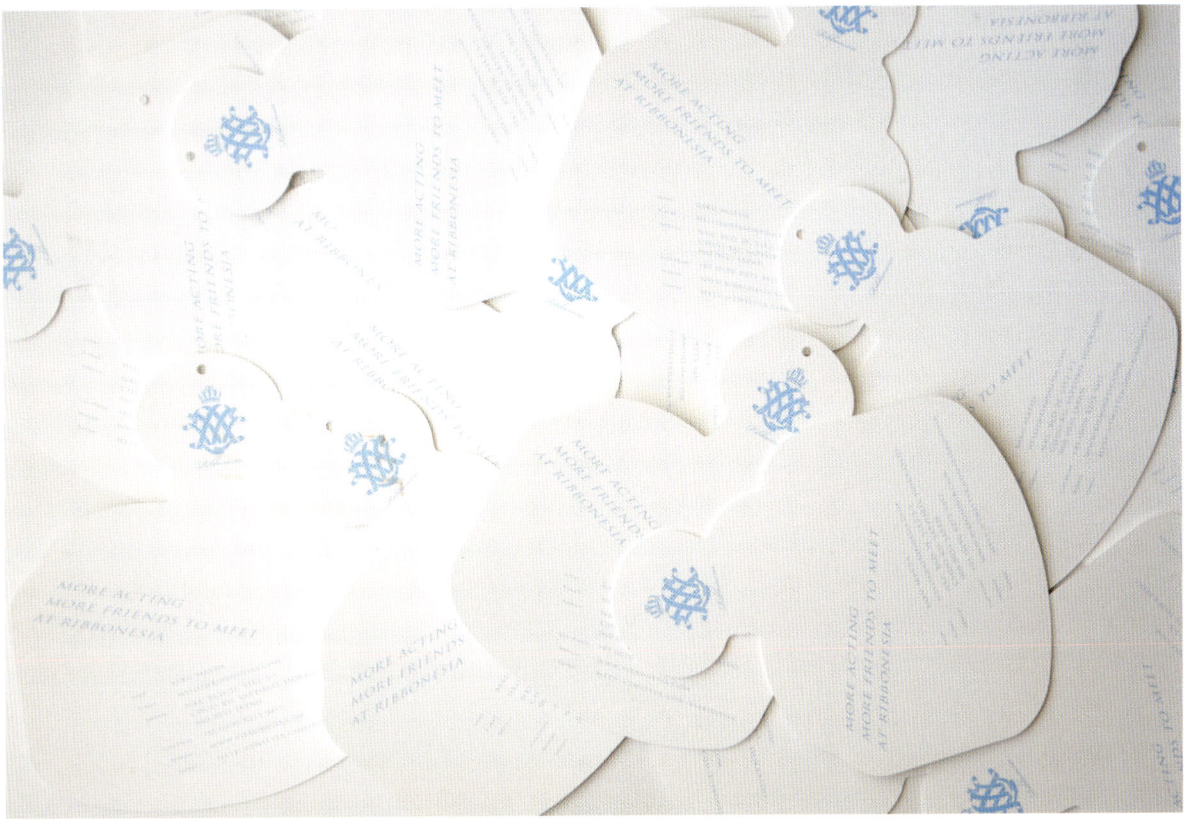
MORE ACTING
MORE FRIENDS TO MEET
AT RIBBONESIA

PARAD SS11

STUDIO ALEXANDER BLUCHER, Moscow, Russia DESIGN_Alexander Blucher ILLUSTRATOR_Yulja Blucher _ www.alexanderblucher.com

Invitation design for shoes & accessories stores "Parad" in Moscow. Offset print on stock paper.

Diseño de la invitación para las tiendas de zapatos y accesorios Parad en Moscú. Impresión offset sobre cartulina.

TOM DIXON
MIND DESIGN, London, UK CREATIVE DIRECTOR Holger Jacobs _ www.minddesign.co.uk

Various invites for the british furniture and lighting designer Tom Dixon.

Varias invitaciones para el diseñador británico de muebles e iluminación Tom Dixon.

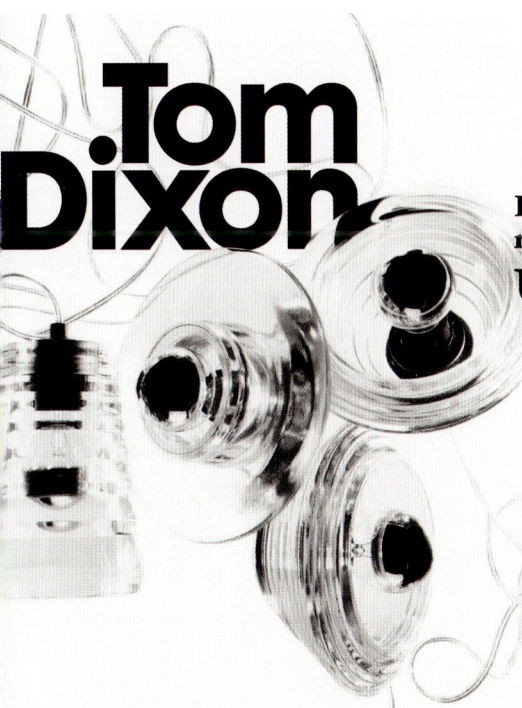

THE DOCK

MIND DESIGN, London, UK CREATIVE DIRECTOR Holger Jacobs _ www.minddesign.co.uk

Identity and invites for 'The Dock', an exhibition of over 50 furniture and product designers. The idea is very simple: All information 'docks' onto the Dock logo like ships in the harbour. The principle was used for printed materials and adverts.

Identidad e invitaciones para The Dock, una exposición de más de 50 diseñadores de muebles y productos. La idea es muy sencilla: toda la información está «atracada» en el logotipo de Dock, como barcos en un puerto. Esta idea se utilizó para los materiales impresos y la publicidad.

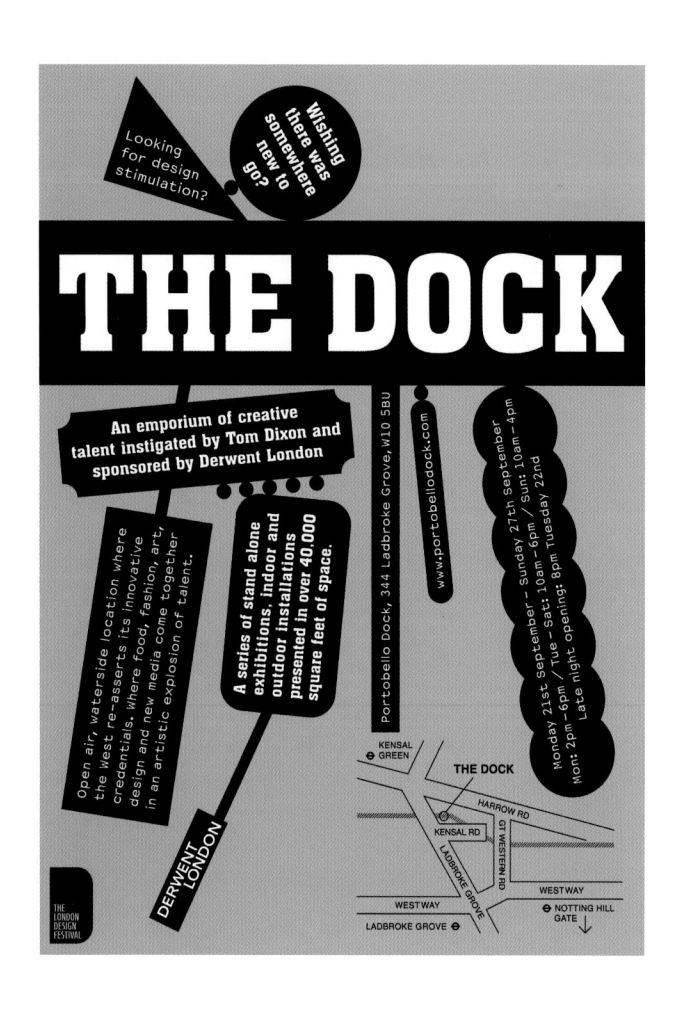

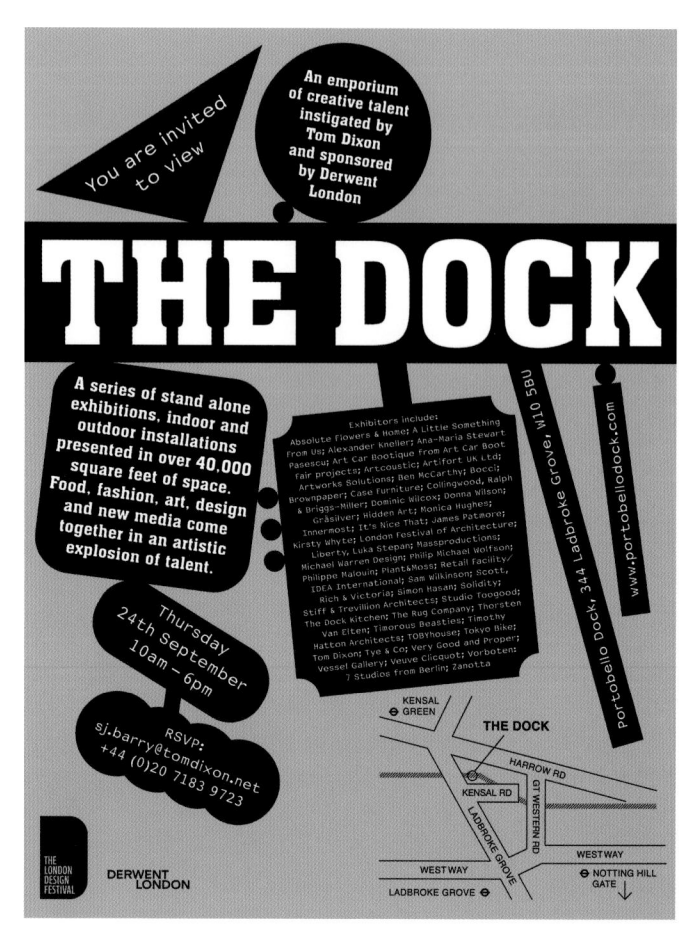

RINCON & RUITERS
NEIL CUTLER DESIGN, Barcelona, Spain DESIGN_Neil Cutler ILLUSTRATOR_Neil Cutler _ www.neilcutler.com

Invite for the wedding of Javier Rincón and Mariëlle Ruiters. He's Spanish and she's Dutch.

Invitación para la boda de Javier Rincón y Mariëlle Ruiters. El es español y ella holandesa.

RINCON & RUITERS

Nos gustaría veros en nuestra fiesta de boda	We zouden jullie graag zien op ons bruiloft's feest
Cuándo 19 Mayo	*Wanneer* 19 Mei
Dónde Santa Cristina - Lloret de Mar Costa Brava, España	*Waar* Santa Cristina - Lloret de Mar Costa Brava, Spanje
Hora 18:30	*Tijd* 18:30
Código de vestir Ropa de fiesta	*Dresscode* Feestkleding
Qué hacer Divertirse!	*Wat te doen* Plezier maken!
Dudas tel. Toni 932 047 900	*Vragen* tel. Annemiek 977 360 688

Thanks

To all the designers, artists, studios and agencies who have contributed to this project. Thank you for agreeing unconditionally to our requests and also for your generosity and your enthusiasm, which has also resulted in being ours. Without all of this, this book could not have been possible.

Muchas gracias a todos los diseñadores, artistas, estudios y agencias de diseño que habéis colaborado en este proyecto. Gracias por atender nuestras peticiones incondicionalmente, por vuestra generosidad y vuestra ilusión, que ha sido también la nuestra. Sin todo ello, este libro no habría sido posible.